中外女性领导力研究丛书

独立与牵绊：当代女大学生自我成长的故事

张莉莉 王泰 著

中国传媒大学出版社

·北京·

总 序

吴启迪

本套丛书系教育部哲学社会科学研究重大攻关项目“高等教育大众化与媒介融合时代菁英女性培养与领导力提升研究”(项目号:15JZDW002)的成果。

20世纪90年代以来,国际社会呼吁性别议题和性别关切应该纳入社会发展主流,借此改变人类文明进程。1995年在北京举行的联合国第四届世界妇女大会上明确提出“社会性别主流化”的行动纲领。这一行动纲领具有长期的指导意义,是引领人类性别文明的“亚历山大灯塔”。“社会性别主流化”意味着:在社会实践或研究领域洞悉性别问题,作为原因、作为交织影响或作为结果;在法规政策制定和实施中确立性别支持框架,作为顶层设计、作为微观透视或作为合法性论证;在媒体呈现报道里规避性别污名化或复制性别歧视偏见,作为议程设置、作为新闻人价值立场或作为普遍的职业操守。社会性别主流化自然亟待全社会的努力,但是从吁求到行动,及至落地生根,都离不开菁英女性作为先行者的探索和开拓,作为“光源”的引导和辐射。菁英女性的培养和领导力提升,是性别平等事业新历史节点的关键所在。

高等教育大众化及至普及化时代,女性在各行各业的领导力呈现,成为性别平等的新表征。自2006年起，世界经济论坛每年发布《全球性别差距报告》，从经济机会、政治赋权、教育成就、健康和生存四个维度对全球不同国家的性别差距状况进行衡量。根据世界经济论坛最新发布的报告(2020)，教育成就以及健康和生存两个子指数分别为96%和97%，基本实现了性别平等；经济机会、政治赋权两项指数分别为58%和25%，这说明女性经济参与与机会不充分，政治参与严重不足。历史地看，经济与政治指数仍然是历史进步和积极干预的结果，同时醒目的数据也让世人更直观地了解并审视"性别差距"，严肃对待并改变造成性别差距的政策、环境和无形的惯习。

性别差距未被纳入视野，甚或性别平等尚未成为议题的漫长历史阶段，我们可以称之为领导力的性别缺失时代，不言自明，这时领导力等于男性领导力，概念内涵上领导力意味着单一性别即男性的领导本质和特征；这时无论是领导力的经验采撷还是理论探讨，都受制于单调而畸形的性别光谱。本套丛书既从理论上探索女性领导力的实质内涵和本质特征，发掘女性和领导力相遇的丰富思想空间，也关注菁英女性实践所焕发、闪烁的新领导力精神、新领导力文化，同时关切媒介环境变迁中女性活跃的生活世界、"她时代"的新气象和女性面临的新问题。此外还特别关注女性领导力生成机制和社会支持网络。研究表明，在侧重性别培养的教育机构中，性别赋权取得了更显著的成就，其思想火种也更可能随之传播出去，而女性继续教育亟待持续规划和系统政策支持。

性别问题在世界不同地方、不同领域呈现出各自的急迫和重点，有的在为性别机会均等努力，在漫长的学制中教育机会均等也呈现出差异图景；有的或重心落在性别平等在不同领域的差异上，如聚焦女性参政情况、学术领域的隐性性别歧视等；比较一致和普遍的关切是在整个职业生涯中女性发展有形的掣肘和无形的障碍，这方面的政策缺位格外突出。研究还关注国际组织的女性发展政策、欧洲女性参政的光谱，中国传媒领域菁英女性领导力、教育领域中女大学生的成长等问题。伴随新科技塑造的媒介环境，女性日常生活变迁和积极表现是世人瞩目的议题，因而也被纳入丛书研究的视野。

本套丛书围绕菁英女性培养和女性领导力提升展开，但是需要申明的是，性别意识不仅仅是女性教育或女性领导力培养需要特别关注的。隐含或隐藏的性别偏见、性别歧视对两性都造成了困扰和伤害，即使是在充满男性优势地位的世界里，真正的性别及其人格担当并没有建立起来。男性、男孩的教育也应该贯穿于整个学制中，而现实往往是既缺乏女性教育，又缺少男性教育。教育是要构造未来世界的，性别意识、性别议题应该首先与教育制度、教育文化相融合。基于性别的自我理解、同情理解、相互理解之愿景和实践，将引领我们走向新世界和新文明。

序言:代际视野下的分析

随着时代的发展,性别平等观念日益成为社会共识。过去在社会结构中处于相对弱势地位的女性得到了更多的权益保障,女性接受各级各类教育的比例有了明显的增加,社会地位逐渐提升。即便如此,延续上千年的传统性别观念依然潜藏在当前的社会文化中,尤其是近些年来,“男人负责赚钱养家,女人负责貌美如花”等话语的流行更折射出传统性别观念的回潮之势。女大学生是女性群体中正处于黄金年华且接受过良好教育的佼佼者。一方面,由于年纪尚轻,她们的性别观念还处于形成阶段;另一方面,高等教育的经历为她们提供了更多的机会来丰富自身的性别观念。本书旨在从女大学生的视角出发,通过差异化的口述史故事,再现其成长的社会历史背景,表达她们的声音,通过成长、学习、职业发展等多个方面的内容,透视社会性别观念对她们的影响,呈现其社会性别意识的形成与内心的冲突,为读者展现出处于社会转型发展中的新一代年轻知识女性群像。

目 录

第一章 研究背景

个人成长与社会时代发展具有密不可分的关系。作为本书研究对象的女大学生，身上也有其所处时代独特的环境烙印。女大学生的群体共性是本书研究的出发点，作为“80 后”“90 后”，她们出生、成长于中国社会快速变革与发展的时期。受到“计划生育”政策的影响，她们大多是家中的独生女，其父辈壮年时恰处在改革开放的时代风口，他们追逐事业的浪潮及在此过程中产生的动荡也影响了其家庭的发展。女大学生在青春期又恰逢商品经济和信息技术飞速进步，个人主义风气兴起，她们中的许多人投入了对实现内在价值的追寻并产生了各种困惑，互联网恰好为这种精神的迷茫提供了一个聊以慰藉的虚拟空间。本章将从女大学生成长历程中家庭和社会背景的影响展开，以便读者更好地结合时代原因理解女大学生的生命故事。

独生子女：孤独的一代

1982 年起，《中华人民共和国宪法》第二十五条明确提出：“国家推行计划生育,使人口的增长同经济和社会发展计划相适应。”计划生育作为一项基本国策得以确立,严格控制了人口数量,切实提高了人口质量,有效地缓解了当时人口与资源环境冲突的窘境。随着经济人口的红利逐步消失,2015 年 10 月 29 号,十八届中央委员会第五次全体会议通过了《中国共产党第十八届中央委员会第五次全体会议公报》提出的“全面实施一对夫妇可以生育两个孩子的政策,积极开展应对人口老龄化问题”。

2016 年正式实施的《中华人民共和国人口与计划生育法》第十八条提出“国家提倡一对夫妻生育两个子女”,也就是所谓的“二孩”政策。至此,延续近三十年的“计划生育”政策落下帷幕。在此以前,中国小农经济发展对劳动力的需求使“多子多福”这一传统观念深入人心,因此,传统中国家庭中只有一个后代的情况往往较为少见,并且由此衍生出复杂有序的血缘亲族关系,费孝通称其为“差序格局”,这也是中国文化的一个重要特征。“计划生育”政策的出现打破了过去多子女养育的模式,并使中国社会产生了一个特殊的群体——独生子女一代。他们大多是家庭中唯一的孩子,没有亲兄弟姐妹,他们在成长过程中一方面受到家庭的格外关注,另一方面缺乏兄弟姐妹的陪伴,往往更容易体会到孤独的滋味。总的来说,独生子女一代具有鲜明的群体特质。

作为家庭中唯一的孩子,他们被寄予了很高的期待。过去在多子女养育模式中,一个家庭可提供给后代的资源往往要分配给若干个孩子,每个人所能得到的支持是有限的,有时甚至是不均衡的(比如底层家庭举全家之力只供一个最有天赋的孩子读书)。当只需要养育一个子女时,家庭能够将资源更加集中,因此对这一个孩子投入的成本将会是巨大的。已取得优势地位的家庭希望他们的下一代能保持所获得的优势,而处在底层的家庭又希望自己的下一代通过教育投入争得向上流动的机会,实现父辈曾经错失的求学和发展机会。再加上传统文化中“学而优则仕”的观念根深蒂固,使得独生子女一代从小就面临巨大的竞争压力。

相较父辈来说,独生子女在精神上更加孤独。社会的变革不仅带来了两代人成长环境的差异,孩子们的精神世界也因此受到了很大的影响。他们的父辈大多是在集体主义时代下成长的一代人,经历过物质资源的贫乏、集体劳作的辛苦,而这样的经历也成就了父辈们对集体的归属感。到了独生子女这一代,他们已经不再过分担心物质上的不足,反倒是更加重视自己精神世界的建构,加上当下个人主义思潮的盛行,以及由生育政策引发的家庭结构的变化,独生子女一代与他们的父辈之间便产生了疏离,夹在两代人之间的"鸿沟"也变得难以跨越。

与此同时,信息媒介的渗透也深刻影响着独生子女的生活。这一代人的青春期恰逢信息网络飞速发展的时期,由此架构出来的精神空间为他们打造了一个相对独立的、可以不被外界打扰的天地。在这里,他们不必拘泥于名字、性别、身份,无论自己是叛逆的,还是善于幻想的……都可以尽情展现自我魅力,每个人都拥有属于他们自己的精神世界。但其实他们也深受大众媒体的操纵,像追星类的一些社群,都能让他们体验到参与感和归属感,甚至在一定程度上调动了他们在社群参与中的领导力和精神动力。

书中的女大学生们大多是独生子女,有着这一代人鲜明的个性特点。在当下的社会,作为女孩,她们拥有更多追求自身价值的机会。通过自身不懈的努力,她们考入大学,接受了良好的高等教育,享受到了教育发展的成果,获得了不错的发展机遇,改变了自己的生活。可以说,当代女大学生既是性别观念变化的见证者及其成果的受益者,也生存在理想和现实的拉扯下。不仅如此,她们更是推动两性和谐发展的重要参与者及关键性力量。

社会转型:压力与机遇

经济全球化和中国的市场经济改革为社会发展带来了新的契机,也产生了新的挑战。自 1978 年以来,伴随市场经济地位的确立,社会思潮经历了从集体主义向个人主义转变的过程,个体的能动性得到更多的肯定。社会发展在为每一个人带来更多发展机遇的同时,也使生存竞争越发激烈。在计划经济时代,人们不需要过多考虑自己的未来,而是由国家安排。并且人们对自己的发展定位很明确,自我发展同国家发展是统一的,自己同国家和社会同呼吸共命运,不存在做选择的焦虑和压力。可是,今天的社会更像是一个具有不确定性的“大赌场”,人们面对赌注时常常迷茫:我应该怎么选择?我应该工作还是继续求学?社会变革增加了个人发展选择的不确定性。正因为人们有太多可以选择的道路,而每一个选择的后果都是不可预测的,所以人心也总是在浮动。每个人内心都会困惑:我的人生到底在追求什么?整个社会将走向何方?

这种焦虑与不安在年轻人身上体现得更加明显,他们正处于为未来打基础的重要阶段,对于自己以后要走什么样的道路充满了迷惘,承受了许多发展的压力。尤其是女大学生,她们在面对压力与未知的同时,还要考虑作为女性应如何处理事业、生活以及生育之间的关系与冲突。在求职过程中,女性有时要比男性面临更多的挑战。有些行业对于女性来说仍然存在诸多限制,作为母亲的身份和工作之间的冲突也成为一种隐性的阻力。因此,她们只有表现得更加优秀才能得到想要的机会。近年来,女性攻读硕士、博士学位的人越来越多,这反映出女性追求和挑战自我的态度,但她们积极求学的背后是否蕴含着通过提高受教育水平缓解就业压力的不得已?婚恋问题也是人们关注的焦点,如城市中优秀的单身女性比例越来越高,她们选择晚婚甚至不婚,这一现象引发了关于所谓“剩女”问题的讨论。对于大多数的中国家庭而言,子女一旦到了适婚年龄不找对象,就是一件难以理解、不被接受的事情。一些女性就会因此反问:为什么一定要结婚、生孩子?日本学者的研究认为,日本已经进入了“低欲望时代”,韩国也出现了生育意愿严重降低的状况。在社会转型的今天,人们的婚恋观念势必也会发生改变。很多年轻之所以对婚姻产生抵触情绪,既有社会生存压力的原因,也有出于找寻自我存在价值的考量,他们不再循规蹈矩地复制父母一辈的婚恋观和生活方式。随着做出这样选择的人越来越多,也为其他人提供了可参考的范例:这种生活状态没什么不好,为什么我不可以这样?第一个尝试变革的人,往往会被当作异类。可是当人们发现这样的生活选择带来的是更好的变化,就会有越来越多的人投入其中。但酝酿中的变革往往存在着新旧力量之间的张力。一方面,女性从内心发问:我们为什么不可以这样生活?另一方面,今天的社会、家庭还没有足够的条件去应对这突如其来的变化。因此社会与个人和家庭代际之间就会形成无形的张力,产生强烈的话语冲突。

对青年人而言,压力与机遇并存的社会环境,既是阻力也是动力。从女性主义研究的视角出发,本书将结合中国高校女性主义的发展历程,重新反思对女性的定义及女性主义的发展,并尝试从女大学生的口述故事中看到她们对女性主义发展的态度。

女大学生:犹抱琵琶半遮面

回顾女大学生的成长经历,她们在学生时代,通常都是人们口中的“好学生”:听话、懂事、认真、踏实,类似的表扬肯定是数不胜数。与此同时,在与社会的互动中,她们又不断察觉其社会性别带来的影响,比如媒体对女性外表的塑造、对女性职业期待的宣扬、对女性婚恋及择偶标准的引导等。不得不靠勤奋、努力来证明自己价值的女孩们,又在传统社会性别的展演中(gender doing)纠结。例如新闻中饱受热议的“女司机”现象,人们总是将问题归结在女性身上,究其根本就是认为女性不够优秀,缺乏判断力。与此同时,一些重大会议中男性话语的权重较高。正因如此,女孩们才不得不奋起直追,克服传统偏见的束缚,变得优秀起来。不得不说,社会的不友好,让她们觉察到了社会话语或社会行为中对女性的差别化态度或刻板印象。每年的求职季,女性往往并不具有很强的竞争优势,即便是工作之后,女性未来的职业发展也难免被家庭、育儿等琐事左右。相比之下,一个男性无论是面对学业深造还是事业投入,往往更能从容应对,就算晚几年成家也不会招致舆论的过分“关注”……

在研究女大学生这一新一代女性群体时,我们不得不看到中国在社会发展过程中传统性别文化和当下性别文化存在矛盾与冲突。传统社会中,社会对于女性的要求是贤德舒雅、相夫教子,女性的价值通过依附一个有权有势的家族或者自己的伴侣得以体现。按照这种价值观,婚姻对于女性来说就相当于第二次“投胎”。通过婚姻,女性便有可能获得更好的生活条件,甚至可以改善自己原生家庭的生存状态。在女大学生群体中,传统观念也具有一定的受众,在自己的职业发展和家庭利益发生冲突的时候,她们往往倾向于以家庭为重。而高学历女性如果不能降低对配偶的学历要求,找对象也许会遇到困难。

正是这种纠结让我们感受到了她们“犹抱琵琶半遮面”的无奈。来自周围人话语中的性别偏见以及生活中关于嫁人结婚的种种催促,整个社会的性别结构无形之中影响着女性的生活并与之产生交集,在她们成长的过程中留下了点滴的痕迹,成为一种规训的力量。女大学生应该在个人的奋斗过程中追求自身价值,还是应该在日常生活上多花一些精力,学习如何化妆、打扮自己,来提高自己的女性气质?

“犹抱琵琶半遮面”指的是女大学生虽然对自身的性别角色有所觉察，但她们当中的多数人还是会选择按照社会对女性的期待做出行为方式上的调整，体现出温柔、文静、懂事等传统女性特质，接受社会对其的塑造和规训。在高等院校中，“乖乖女”类型的女生仍然占大多数，她们从小非常努力、用功、学习勤奋，是老师和家长眼中的好学生。尽管如此，在女大学生群体中仍然出现了新的声音，她们有更强的独立发展愿望和自我定义生活的追求。她们有理想、有爱好，愿意尝试各种新鲜的事物，做自己想做的事情。她们还向往一个“罗曼蒂克式”的梦，希望把生活构筑成自己想象的图景，会朝着自己的理想去塑造自我。

从社会性别的视角来看，越来越多的女性能够接受高等教育，让我们看到了走向性别平等的阶段性成果。甚至大学里一些学院和专业的女学生占比已经远超男性，就连被认为男性更占优势的数理化领域，女生人数也是不断增加的。也有一些人觉得，当前高等教育早已是“女生的天下”。这些现象似乎带给我们一种错觉——是不是性别平等已经实现了，因此更加深层、关系到社会进步的性别问题因而被隐藏了起来。实际上，在高校中两性的发展还远远没有达到平等，比如教师队伍中、处于顶端领导地位的高级管理层中以及重要的学术圈中，男性依然占优势地位。另外，女教师在一些所谓的“男性主导的专业”里，参与和发展机会仍显不足。可见，虽然女性的受教育机会增加了，但在后续的长远发展中，女性并未获得长效的支持，尚有一些制约女性发展的因素长期存在。

即使女大学生没有注意到上述发生在她们身边的性别不平等现象，但当每年的求职季来临，她们会明显察觉到自己作为女性的不利地位，同等条件下男性被录用的可能性往往更大一些。这究竟是个人的问题，还是性别不同带来的机会差异？这会促使她们反思：性别对自己发展的影响是什么？面对这些发展中的不利处境，女孩们需要充分把握身边的种种机会来促进自身的发展。

社会性别观念:交织与碰撞

值得思考的是:当人们谈及“妇女”这个概念时,不能忽略阶层、民族等方面的身份差异。比如,导师面对自己的藏族女学生时,到底是该把她作为少数民族学生,还是作为一个女学生去关心和帮助?她的性别和民族身份究竟哪一方面更为重要?所以说“妇女”这个概念遮蔽了群体间的差异。如果没有一个共同的经验基础,当有人指出妇女权益受损时,可能其他人并不这么认为。与此同时,你会发现不同的女性学者有着不同的关切点,有的关注弱势女性的生存状况,有的聚焦于制约成功女性进一步发展的玻璃天花板。虽然这些问题背后都有着共同的社会性别作用机制,但女性学者彼此之间的对话也因此受到影响。不管是在学术界还是在社会生活中,世界范围内的妇女运动不再像早期那样火热,这种“式微”有着全球化的趋势。相较于性别这个话题,城乡发展、阶层流动等更容易引起关注。社会性别理论的发展应更好地解释和回应现实中的问题,并以此推动妇女学学科建设。

北京召开的联合国第四次世界妇女大会是推动性别平等和妇女发展的里程碑,对我国的女性主义思潮产生了深远的影响。一方面,社会性别的研究得到了快速发展,妇女学学科建设也取得了一些成绩,同时也带动了越来越多的人关注性别平等问题。大量书籍、阅读材料的涌现,也为更多人学习相关知识提供了机会。另一方面,大学开设的课程中也会带入社会性别的视角,大学生们有了更多途径接触社会性别理论。个别学生还投身促进社会性别平等的实践中。如一些社团组织关注农村弱势女童的保护和发展,还有的组织利用新媒体推动女性在 STEM 课程中的参与。也有一些女性依靠社交平台发声,呼吁两性平等。尽管如此,作为学科本身,妇女学在中国还没有成为一个强有力的学科。社会变革使人们看到了阶层之间的分化，人们更关心社会整体的上升发展，一些人甚至认为中国的性别平等做得很好。但事实上，把具备性别平等观念视为公民的基本素养，这方面我们的认识还远远不够，相关的努力任重道远。

第二章　研究过程

本书采用了质性个案研究方法，倾听女大学生的生命故事，展现了她们丰富的思想情感，以及自我寻觅的过程。质性研究方法的特点是能够在特定的背景下审视问题，强调局内人的视角，在研究过程中研究者和被研究者相互尊重、相互理解，这为女性经验的展示提供了方法论的基础。研究以女性主义思想为指导，对所收集的女大学生个案资料进行细读，展示叙事性的个案故事，为了解新时代的女大学生提供了丰富的一手资料。文献资料显示，对女大学生的个案访谈研究总量并不多，论文往往未能呈现完整的个案，本书弥补了该领域研究在方法上的不足。

研究方法：个案访谈

从方法论角度看，本书采用质性个案研究方法，是有其本体论和认识论基础的。首先，本体论回答了“事物的本质是什么”的问题。与量化研究方法不同，质性研究不认为一开始就存在一个绝对的客观实在，而是看到了研究应该是具有一定主观性的，并且受到研究者和被研究者互动关系的影响。当我们面对同一个研究对象，不同的研究者可能会有不同的发现，因为研究者本身的视角以及他的社会背景等影响了研究的客观性。所以，客观性并不是质性研究的方法论基础，相对的建构主义和现象学理论为探索事物多元的真实提供了方法论依据。其次，认识论回答了"知识是怎么来的"的问题。个体对知识获得所持有的信念，一定程度上影响了知识的建构。女性主义认识论就指出，人类历史在书写的过程中，更多地站在男性的立场，结合了男性的经验，这其中就缺少女性因素的参与。因此，作为认识的主体之一，女性同样需要发出自己的声音，表达自己的理解，与男性一道，共同书写人类历史，以此来弥补相关研究的不足。

用个案访谈的方法来展示当代女大学生的精神世界，具有较好的研究效度。因为个案叙事本身具有完整性和情境性，丰富而生动，其不足之处在于女大学生群体本身比较复杂，其概念从内涵到外延比较宽泛，很难选取具有一定代表性的个案。同时，质性研究也不刻意强调其推广性，研究的目的也主要是通过某个独特的个案来反映问题，促进对比与参看。本书中选取的访谈对象采用目的性抽样和便利性抽样的方式获得，这些访谈对象主要来自北京的几所高校，她们的家庭背景不同，笔者在选取样本时也兼顾了样本兴趣爱好的不同。尽管上述个案并不能撑起我们对当代女大学生全貌的基本判断，但是她们的成长经历让我们看到了象牙塔中的女大学生们对自身性别角色、婚恋情感、职业发展等方面的期待和探索。

此外，访谈者与被访者之间年纪相差不大，在一定程度上打消了被访者的顾虑，访谈氛围较为融洽。在这个情境中，被访者能敞开心扉，娓娓道来，确保了原始资料的真实性。当然，访谈中男性研究者的参与也为本书注入了一些新的活力和特色，增加了新的视角，拓宽了研究思路，还原出了更加立体、真实的女大学生成长轨迹。

作为一项个案访谈研究，本书运用叙事故事展示了女大学生的内在情感，丰富了我们对女性独特经验的认知。一方面,女性主义认识论看重女性的经验,因为在社会性别的框架下,女性经验能够反映社会性别结构对女性的束缚和压抑,对于我们建构一个和谐共存的两性社会环境起到了重要的推动作用。另一方面,在全球化、信息化的背景下,市场和媒介对女性的影响也是巨大的,我们能看到它们对当代女性的启迪,一些女性能够从中获得启发,找到解放自己的力量源泉;但同时,某种程度上,她们又可能受其左右,内心不断地经受起伏波动,会迷失彷徨,令情绪成为束缚自己的新锁链。由此,质性个案访谈就提供了多个角度,以便我们从不同侧面了解女大学生在特定时空背景下的成长体验。

相较传统的青少年研究,年龄与社会经验的隔阂使我们难以很好地走进这一经历着社会巨大变革的群体,要获得有价值的、真实的研究资料,需要我们俯身亲历,积极构建与被访者之间良好、融洽的关系。在复杂的社会关系中,人们也很难保持个体的完全独立与自由,传统与现代、束缚与解放、过去与未来都在女大学生的社会化中有所反映,形塑着女大学生的自我价值。

如果运用问卷调查,我们能够得知持某种观点的女大学生的比例,也能了解她们对性别不平等的体验与认知。但什么是女性要共同面对的困境?什么样的结构性力量使得女性的经验具有独特性?这是定量式的问卷调查回答不了的。本书基于女性主义认识论和研究方法,开展了探索性的质性叙事研究,目的是剥茧抽丝,审视女大学生所承受的结构性压力,看见其主体性,为我们更深入地开展研究提供参考。

抽样方法:目的性抽样

从研究对象来看,样本包括广义上的女大学生群体,其中既有在读的本科生及研究生,也有个别已经参加工作的毕业生。本书中所涉及的女大学生大多就读于重点院校,她们的成长经历能够从侧面反映出这类学生的成长经历,以及这背后的时代烙印。

书中既有通过调研访谈获得的资料,也有基于研究生毕业论文访谈获得的一手资料。笔者通过筛选和分析,将一些具有代表性的个案成长故事呈现给读者,其中就女性的自我意识、发展考量、情感经历等进行了划分与归类,最后形成了本书的故事架构(见表 2-1)。

表 2-1 访谈对象情况

	专业类型	城乡	学历
格格	教育学类	城市	硕士研究生在读
之华	食品科学与工程	城市	本科
艾力	教育学类	城市	本科
琪琪	教育学类	城市	硕士研究生
明乐	心理学类	城市	硕士研究生
武舒	体育运动管理	城市	本科在读
黎草	教育学类	城市	本科在读
周旭	美术教育	城市	硕士研究生
书杨	教育学类	城市	博士研究生在读
宋惠	经济类	农村	本科在读
邵娜	经济类	城市	本科在读
阿叶	经济类	农村	硕士研究生
李梦	法学	城市	硕士研究生
王寒	外语类	城市	硕士研究生
陈娟	教育类	农村	硕士研究生

研究视角:女性主义理论

女性主义的流派很多,如自由女性主义、后现代女性主义、社会主义女性主义等,女性主义本质上是在为女性的发展、为性别不平等而发声呐喊。本书并没有采用某一种具体的女性主义流派,但是从各种具体流派中汲取了一定的思想。当下我们迫切需要承认女性的主体性,要看到作为人类历史创造的每一个人的力量,给予女性应有的权利,对压迫和性别不平等进行批判,积极地改变社会当中不合理的性别因素。不论是男性还是女性都应该是平等的,对其价值都应予以肯定。

女性主义理论也是基于一定的社会性别视角的,它带领我们看见男性与女性的差异,包括看见他们自身的需求,以及来自社会的规范、评价等,更重要的是看见整个人类社会对男性和女性的不同期待、要求等。同时,随着时代的变化,在新的历史条件下,原有的社会性别期待可能也会随之变化,这其中不乏与文化相关的变化。而我们每一个人都经历了这一过程,在变化的世界中形成了各自的社会性别认同。女性主义研究者认为,传统的研究忽略了女性在社会生活中的参与情况,或者说人们会把男性的活动理解成两性共有的,即用男性的成就来代表整个“人类”(孙中欣、张莉莉,2007)。很多时候,女性作为社会变革的参与力量,并没有得到足够的重视,她们也曾付出过,但在大众的潜意识里,历史上各种创举、变革都被默认与男性密切相关,这其中不易察觉到女性的参与和贡献。

女性主义认识论认为,研究应该关注女性的生命经验,让女性发声。在相当长一段时间里,研究者大多以男性的视角书写历史,女性缺乏发声的机会。女性主义访谈研究还具有社会性别的敏感性,能够走进女性的生命经验,让女性在叙说过程中回看社会性别结构对自身的影响,并将女性的经验和认识纳入人类的整体知识体系当中。女性主义访谈研究具有一定的赋权特征，表现为研究者与被研究者之间平等、尊重、理解的关系，给予了女性更多的话语权。

从本书来看，某种程度上，我们补充了性别成长历程的研究视角。关注这样一批女大学生，将她们作为研究的对象，看到她们作为女性的成长故事，加深了我们对一个人成长的理解，从中也能看到一批在新时代成长起来的年轻人多彩的人生体验。

本书的研究对象均来自重点院校，在她们的成长过程中，压力除了来自性别以外，部分农村出身的女孩还受到阶层的另一重压迫。由此可见，不同社会地位的女性在面对社会性别期待时的反应有所差别，性别与阶层之间存在着交互影响。

资料的分析与呈现:叙事探究

本书采用叙事研究的方法，寻找符合要求的女大学生进行访谈，相关资料在征得被访者同意后录音记录，并全部转录，形成书面文本。在此基础上，研究者经过多次阅读，其间标注体现被访者独特个性的内容，然后根据所研究的问题，提炼出一些能够反映被访者内在心理状态和独特经历的核心主题。接着梳理这些主题以形成一个具有逻辑结构的个案故事框架，这不仅体现了时空背景下女大学生的成长历程，而且还挖掘出了对她们来说具有一定意义的本土概念，使其凸显生命历程中的鲜活和独特。

基于初步的叙事框架，书中细致地描述了被访者的内心独白和成长经验，根据每个人不同的经历，再进一步修改完善叙事故事的框架结构以及标题文本。每一个故事都是完整的，都不同程度地反映出家庭、学校、社会、传媒等因素对被访者成长与发展的影响。她们的故事各有侧重，都体现了各自的生命历程中的“与众不同”，比如求职中遇到的性别障碍、流行文化对女生的影响、女生性别意识的形成、农村女孩与乡土的情感以及拉扯的张力，等等。

每一个主题结尾，笔者根据故事中一些有共性的内容进行了提炼并联系理论进行审视，形成小结。在叙事文本的基础上，组织大学生阅读这些被访者的故事，表达自己的发现和感受，能帮助研究者更好地了解女大学生的生活，走进她们的人生，发现不一样的精彩。当然，本书中的故事，也可以用于探究性的讨论，引发大家对于性别与当代大学生的关系等的思考，以便进行更深入的分析，提升大家的社会性别意识。因此，本书也可以作为女性学课程的素材。

第三章　性别意识的萌发与生长

性别意识的发展是儿童社会化过程中的重要一环，儿童早在3岁左右就开始形成自己的性别认知，并且会随着环境的影响不断被强化（张积家，1990）。实际上，儿童一出生，家长就会赋予他们一定的社会性别期待，在起名字、玩游戏、穿着打扮等方面都会根据儿童的性别进行区别对待。在儿童的成长过程中，家长也会刻意引导孩子的性别认知，强化一些凸显性别特征的行为，如告诉男孩"男儿有泪不轻弹"、女孩要有女孩的样子，等等。

在儿童认知发展的早期阶段，特别容易形成性别的刻板印象：男孩儿可以舞刀弄枪，玩儿一些"男孩儿"的游戏；女孩儿应该穿裙子、扎辫子，玩儿过家家、跳皮筋这样的游戏。家长、老师，还有大众媒体无形中都强化了孩子"两极化"的性别意识。幼儿园中，老师对男孩儿和女孩儿的期待也常常有所不同。有研究者发现，在幼儿园里，墙面装饰、幼儿生活用品以及玩具教具的投放、活动区设计还有幼儿读物四个方面，我们的教育环境中存在着大量性别刻板印象，这可能会降低女孩儿的成就动机，也会给男孩儿带来成长的焦虑和压力，进而埋下了性别不平等的隐患（张学而，2018）。

史静寰教授曾组织全国十余所重点大学和研究机构的研究者，从社会性别的视角对当下中小学教材作了细致的分析,并结合课堂的实地调查,就教育环境中的性别问题进行了深入的研究。研究显示,不同程度的性别偏见和性别刻板印象或显性或隐性地表现在教材及教辅资料,还有课堂教学之中,但这一问题未能引起人们足够的重视。可见,在学校中创设性别平等的氛围和公平的学习环境非常重要。研究者还特别提出,教育过程中教师应当增强性别意识,反思课堂教学中出现的各种性别不平等现象并积极推进相应的改革。该研究还将有助于人们透过教育来了解性别社会化问题,并倡导先进健康的性别文化(史静寰,2004)。

陈晓瑜在其硕士论文中关注了青春期女孩儿的身体发育对其女性身份意识的影响,研究指出,来自异性的"目光"(具有性别意味的凝视)、同性伙伴之间的比较、父母和老师对于两性的偏见以及大众消费文化等因素,塑造了青春期女生的性别认同,并经历了排斥—被迫接受—自觉内化的过程(陈晓瑜,2012)。

总体上看,青春期对女孩儿和男孩儿的生理及心理发展有深刻影响,其间也经历了性的萌动,这又会进一步加速青少年性别意识的形成。对于女孩子来说,性别意识从产生到发展,再到相对稳定,都面临着种种来自传统观念的有形或无形的束缚,这也是对女性的一种规训。有关"干得好不如嫁得好""女孩儿不如男孩儿有潜力""男孩儿更擅长理科"等话语,潜藏在社会生活的方方面面。那些主动顺应主流价值要求的女孩在成长中阻力较小,反之则会受到一些质疑,比如,一点儿没有女孩子的样子……那么女孩儿该有的样子应该是怎么样的呢?性别公平到底意味着什么?我们在多大程度上可以破除传统性别区隔带来的两性对立?一些青年女性在自己的成长经历中意识到了这种刻板印象带来的束缚,她们是怎样回看自己的性别社会化经历的?这些均是本章的重要关注点。

从下面的故事中,我们看到当代女大学生都在各自的成长历程中积极回应着来自外部的质疑,生成了对性别意识的追问与思考,形成了自我的性别身份认同。在高等教育中,关注女大学生性别意识与性别观念的发展,让她们意识到自身的价值所在,提升自尊和自信,构筑和谐亲密的两性关系,具有重要的现实意义。

格格:从无性别到女性主义者

访谈及整理者/王泰

作为一个来自高知家庭的孩子,出于父母工作的原因,格格自幼便由姥姥姥爷照看。学校民主宽松的氛围并未让她产生因性别带来的焦虑,用她自己的话说,她表现出了一个"无性别者"的样子。上大学之后,生活中的种种冲突让她产生了对性别问题的深入思考。近四年的大学生活让她受益匪浅,坚定了她要为争取女性权利而奋斗,更要为实现自我价值而奋斗的目标。

一、我的"前半生"——爸爸妈妈不在身边的日子

小的时候,家里就我一个孩子,父母两边兄弟姐妹倒是挺多。我爸老家在北方农村,我妈也是北方人,现在在北京的一家银行工作。他们当年就是考上了北京的一所重点大学,后来不知怎么就在一起了,也算是校园爱情的结晶吧!再后来就到了同一个单位工作。

那个时候我爸去海外留学,我妈也在那边工作,两个人都在国外,所以我一直跟着姥姥姥爷长大。当时他们刚好退休,所以就从老家过来照顾我的生活,姥姥是特级教师,非常厉害,也喜欢带小孩儿,她从小就教我唱歌、跳舞还有弹琴什么的,我真的是受益匪浅。

上小学时，我和老师相处得很好，她是一个从师范院校毕业没多久的女老师，大概二三十岁的样子。开家长会的时候，还有放学接孩子回家的时候，一些家长就会问我："你爸妈是不是学校的哪个老师啊？"(一般学校教职工的子女不会专门有人接送)"你怎么还没回家呢？从来没有看到你爸妈接你啊？"有一次我放学就听到了家长之间在说闲话，我感觉很不舒服，但我的老师很了解我家的情况，对我也不错，我非常喜欢她。

我大概小学快毕业的时候，爸爸才博士毕业回国，他们生下我不到 4 个月就去了国外。不过，我妈妈没多久就回来了，就因为小时候有一次我对她说过："我不是你的孩子，我是姥姥姥爷的孩子……"可我现在都不记得有过这回事儿，但我妈当时听了就特别难过，所以早早地回来，坚持要陪我。她后来一直坚持努力工作，压力也不小，耳鸣什么的都是家常便饭了，真的是太不容易了！相对地，同传的收入还是比较可观的，我妈自豪地说过，家里那套房子就是她拼命工作换来的。

我妈妈是很敏感的人，就因为我说过那种话，她总觉得亏欠我什么，担心自己的孩子不喜欢自己，我能感觉到直至现在她心里还放不下这件事，时常会自责。站在我的角度，我其实并没有感觉小时候父母不在身边会对我产生多大的影响，但这对我妈妈来说影响很大，她总觉得自己做得不好、做母亲不够格。我现在经常宽慰她，说没有关系，我可以理解她们当时的考量，父母不都得打拼自己的事业吗，这很正常。可他们就总觉得亏欠我，而且总把问题归因到这件事情上来，我能感觉到他们内心有一种不会轻易抹去的内疚。

我上三四年级的时候，他们有一次回国跟我商量说要生小孩，我就一哭二闹三上吊不让他们生二胎，闹得可厉害了，后来我妈也没生，这一点我挺高兴的。当时我觉得他们怎么对我这样，凭什么生个弟弟，他们到底爱不爱我之类的。现在回想起来可能当时我妈已经怀孕，索性就征求我的意见，又或者是想要个儿子。但我不那么想，因为我爸是性别观念特别超前的人，他甚至都说过我以后找个女朋友都无所谓,应该不是"要儿子"的家长。但我妈不是这种人,我觉得她的性别观念有点传统,所以我猜她可能想要个男孩……我现在觉得他们再生一个孩子对我来说能减轻很大压力,如果我以后结婚,那么我们夫妻二人将面临四个老人的养老问题,压力会很大。要让 20 岁的我回到过去再做决定,再问 10 岁的我还要不要一个弟弟,我肯定会答应他们的,只不过当时觉得他们会不爱我,才抵触他们生"二胎"。

我爷爷奶奶很有意思,他们是农村人,但仿佛对性别也没什么要求……反倒是觉得养女孩更好,也许是因为少数民族跟汉族不太一样的原因。我感觉在他们的观念里,女孩跟男孩好像没有什么区别,不像有的家长一样,总觉得男孩就怎么好似的,非要生男孩。

二、国际化小学的日常

小学的时候,我们学校的国际部刚刚成立,学校离家也近,我算是托了关系才进去的。学校里有很多有钱人家的孩子,还有外国小孩,有的是混血,有的就是纯外国人。比如,我隔壁班的班长就是中日混血,学习很好,穿衣打扮什么的就像动画片里的樱桃小丸子那样,还背着一个红书包。总的来说,我和班上很多同学玩得都很好。

现在,班上的同学除了我以外全在国外念书。如果我家在北京算中层,那他们的家庭情况就好太多了,绝对是上层,非常有钱,是零几年就能在北京住上别墅的那种人家,是我无法想象的富有。现在(这些同学)不是在学艺术,就是在学什么奢侈品管理,都是一些听起来就觉得很高级的专业。

让我印象最深的还是我同桌,她家里做珠宝生意,非常有钱。有一年我过生日,她就送了我一串玉石项链,说:"我家有的是,送你了!"我当时也不好拒绝,回家就拿给姥姥看,她看着可能是翠什么的玩意儿,反正不便宜,一定要让我给人家还回去。可人家爸妈说没关系的,这东西我喜欢的话就送我了,不用还！可我同桌从小过得没那么开心，总哭。尽管她家里有三个妹妹，貌似父母还想要个儿子……和她比起来，我家里还挺好的，没有因为我是女孩子就怎么样。好些人因为家里有弟弟妹妹，烦心事就比较多。

我上的学校也相当国际化，所以不那么强调性别。比如，我们班有那种现在看起来比较娘的男生，同学之间也不会有排斥、取笑他这样的事情发生，包括老师们都不觉得有什么大不了的。说到"排斥"，我觉得还是上中学以后才长了见识。

三、"学做工"

初中，因为同学当中有很多人从小就一起长大，相互间都认识，多少就会有"抱团儿"的现象，而对我来说面临的一个很大的困扰就是：我没有"团儿"可抱。还好我玩得比较开，不会被孤立，但我能感觉到他们之间的关系更加紧密，而我相对被边缘化一些，学校里的氛围和小学的时候也不太一样。

我还记得自己最不开心的事儿就是上劳技课(劳动技术课)。小学的时候，学校会专门把我们送到劳技中心，这对我们来说相当于一次小型春游。那里会教制软陶、扎花这样的课程，有的时候还要焊一个电路板，大家都很开心。可是上中学后学校就要求男女生分开劳动：男生在楼下搞一些我自认为比较有意思的东西，我忘了是木工还是电工的劳技课；女生却在教室里学习怎么打毛衣。

我那个时候还挺"中二"的，经常看《火影》《死神》这样的热血动漫，觉得打毛衣很女性化，没有意思。我心想，为什么学校逼着我干这种事情？所以我也不好好学，老师就会批评我："你这还算什么小姑娘啊！"现在回想看看，我就觉得那个场面极其滑稽，教室里，每个桌子旁边都放着两团毛线，还有几根毛衣针，大家就在那儿织毛衣，怎么想都觉得诡异。不巧的是，班上有的男孩子手很灵巧，想学打毛衣，老师不让学，刚好我也很想做木工，可学校不允许这样互换。我始终绕不明白那玩意儿(织毛衣的线),上劳技课时我心理压力巨大,而且老师又是一个返聘女教师,她总是指指点点地说:"你这还能嫁得出去吗?"她觉得女孩就得给男孩打个毛衣,再谈个恋爱……可我就不这样想!最后要交作业的时候,我就没招儿了,恰好奶奶来北京过年,她就替我织了一个作品交差。

我上了高中后,学校就有钱了,这样一来所有的人都能去木工教室上木工课。但学校依然把男女生分开授课,像打把椅子那种工作,其中的上漆、磨光、抛光那一类细活就让女生干,男生负责锯木头。老师也不管这些,小组里面都是我们自行分工,就比较自由一些。有两三个姑娘都选择了干木工活儿,我揽下了锯木头的活儿,还跑去抱木头,也有男生在一边慢慢打磨抛光,最后只要每个小组能做出一把像样的椅子就好。做下来以后大家都夸我说:"你太厉害了!"反正我是所有人当中锯木头锯得最好的,我就特别有成就感!非常开心!尽管上的是同一门课,但我感觉高中要比初中的时候好玩儿多了。

四、开放的"两性"氛围

我的初中班主任是一个特别好的老师,很睿智,她的小孩就比我们大一届,所以她很清楚我们当时的想法。班上有很多人谈恋爱,也就是大人们所谓的"早恋",别的老师都会插手干预——必须分开,但我们班主任就不会多说什么,有时还包庇我们。数学老师就看不惯,说男女生不该那啥(早早地搞对象),我们班主任就觉得这有什么啊?你管他呢!这人家万一以后成了呢?这方面的事儿,她总认为不是什么大问题,以至于当时45人的班上有36个同学都在谈恋爱……

我是语文课代表,她是语文老师,我们之间交流的机会不少,有时候她知道的八卦居然比我还多!有一次上课前,我给老师拿东西,她就问我:"你知道那谁谁和那谁谁好上了不?"我说不知道啊,老师说:"我都看出来了,你还没看出来?"当然,一旦感情问题可能会影响学业的时候,她又会及时地开导我们,很像心理咨询师的那种感觉,所以同学们都非常依赖她,她简直是我们班的灵魂人物。

五、初入大学的"不适"

自从进入大学以后,我就莫名其妙地感到不适应,因为"性别"一词忽然变成整个大学生活中的一个重要议题,没想到性别能够决定这么多的事儿!我参加社团面试,十个女生、一个男生,就有人跟我说了,肯定会录那个男生了!

——我不解,问对方为什么。

——就因为他是男生!

我第一次感到男女生之间的差距竟然如此之大。

小时候我比较强势,做事也果断,在学校里大多数女生学习也十分认真,所以我从不认为男生比女生强,女生不应该是柔弱的存在。就像外出拎箱子,我从来没让男生帮我拎过,除非他主动帮我。一般情况下,力所能及的事情,我都不会求人,如果能自己拎,我一定是自己拎箱子。然而学院可能女生太多,我就发现大多数女生都是娇滴滴的。一开始我瞧不上她们,难以理解她们在做什么,为什么要这样。后来我才发现很多人就是这样长大的,她们从小就养成了这么一个习惯,要不就是迎合了社会的要求:做一个"娇滴滴"的女孩。

我在香港做交换生的时候学的是性别研究,巴特勒说得很对:整个女性气质完全是由社会塑造出来的,是社会要求你呈现出来的样子。那些女孩这样"娇滴滴"也是对她们有利的。如果你没有这个特质,只能庆幸自己生长的环境没有强迫你表现出典型的女性气质。有一阵子,我很瞧不上这种人,我不认为自己属于这个团体,因为我不是"你们女生"当中的一分子。我也不觉得我们女生里有"你们",或者说我第一次认识到有这样的女生,而且她们是多数人。那会儿,我忽然觉得性别资本作为一种社会资本显得极其重要。中小学的时候，没有人要求我应该管理好自己的身材——因为我比较矮，所以不能显得太胖。问题是我原来也不胖，高三的时候可能没有这方面的压力，我忽然胖了40多斤，校服又比较肥大，根本看不出来什么，也就成了现在这个体形。可在大学里就会有好多人问："你怎么不减肥啊？"这多少会让我觉得有些被冒犯了。我很不开心地说："为什么要减肥？"但是当事人并不会觉得有什么，她们认为谈论体形是一件很正常的事儿。还有人说："哎呀，你又瘦了！"我觉得我瘦不瘦关你什么事？瘦不瘦会影响你对我的看法吗？瘦不瘦是评价女性的一个重要指标吗？我会产生很多疑问，减肥塑身应该成为女性生活的一种必需品吗？

还有一件事：化妆，我不会化妆！

我以前最多去大商场修个眉毛，掏个5块钱，就给我修了。但上了大学以后，大家就会问：你怎么不化妆？你怎么不护肤？你怎么不贴面膜？你怎么不做瘦脸操？你晚上怎么不去跑步？跑步完怎么不拉伸啊？……

这些对我来说是极其新鲜的，因为我在家里本来就不怎么会搞这些事。我妈妈长得很漂亮，眼睛也大，她出门时通常就简单打扮一下，最多涂个粉底、画个口红。我从没见过她画眼影、眼线，画眉毛什么的就更别说了，这些复杂的事儿都是我上大学后才接触并学会的。

我会听到周围的同学问："你怎么不穿裙子？这裙子怎么配这样的鞋？你怎么不经常剪一剪刘海？你这头发怎么不那么梳，要这么梳呢？……"这统统是我上大学以后的事了，紧接着我才会意识到自己需要注意这些：我该减肥了！我该戴隐形（眼镜）！我该天天去跑步，跑完要拉伸！我应该做面膜……

有一次，我跟我妈说："别人有化妆品，就我没有！"那会儿，她正好去香港出差，说："我给你买！"我妈也很搞笑，她也不懂，反正听香港导购说小姑娘都用这些化妆品，就买了一大堆，我自己也不明白怎么使，也就那么放着了。

六、化妆也是一种生活态度

后来我到香港做交换生，和一个香港的小姐姐吃饭，她问我："你们内地的人为什么不画全妆？"所谓的全妆，就是修容、鼻子打阴影、贴睫毛，等等，非常复杂。

而我每天涂个口红，就已经觉得是"挺大的事儿"了，人家香港人一般出门都化全妆。她告诉我是因为观念问题，在香港不化妆就跟没穿衣服一样。我很震惊：你(想想)整个班的同学都化了妆，就你一个素颜，就会让人觉得很不舒服。所以说在香港，社会的一种无形力量迫使你不得不出门就化妆。

后来跟其他人接触多了，我才知道这些女孩从小就化妆。香港地铁上不管多挤都能看到穿着国中校服的女孩子在化妆，难怪她们那么熟练，毕竟从小就练习。

还有让我受教的就是：买化妆品竟然是她们休闲娱乐的一种主要方式。我的朋友就曾经带着我去化妆品柜台试各种产品，从头试到尾，也不要钱，导购服务态度也不错。她们总说："那有什么关系，就试试嘛！"买衣服也是如此，我从小不懂怎么搭衣服，一点儿都不觉得自己哪里显得土，去了香港才开了窍：无论是买衣服还是化妆品，一定要选适合自己的才好。比如我妈买给我的黑色眉笔，我用了好久不觉得有什么不好，但香港的小姐姐说我："你怎么能用黑色的呢？你本身头发偏黄，应该用黄色的那个！"于是她们帮我挑了根黄色的眉笔。还有祛痘这样的护肤技能也是我在香港自学完成的。

我的一个朋友去英国做交换生，回来以后和我一样，仿佛是一夜之间学会了化妆、收拾自己。

她就是一个学霸，是那种早上 5 点半起床背单词的好学生。她去英国交换了半年，回来以后转变很大。那边很强调"decent"(得体)，不光是衣服，连脸也得得体，标准非常复杂。我这次去参加英国的暑期学校项目，其中一个

"presentation"(演讲汇报),专门有个打分项就是本人是否"decent"。

那什么叫"decent"?就是要穿过膝的小裙子,穿皮鞋要配丝袜,因为一个女孩子是不能光着腿的,不然会显得很失礼。还有不能忘了化妆,而且自己的发型也要弄得很精致。

在英国,打招呼的方式也很有意思。我的同学把自己的黄头发染成了蓝色,英国人一见她就说:"Oh, so cool!"我感到仿佛周围的人都会关注你的改变,哪怕画个指甲,别人也会说:"哇!你的指甲好漂亮啊!"第一次画指甲的时候,我觉得很烦,她们告诉我说指甲是女人的第二套衣服!所以不管怎么样,指甲是一定要画的。后来,我自己也观察过,英国女人,不管是穷的富的,都画指甲,这让我感到非常震撼,就是"哇~我学到了"那种感觉。东方国家里,日本也挺注重这些,那边的女人同样精致。

我所在的大学的女生好像并没有那么精致,而且两极分化特别严重:糙的人活得很糙,精致的人永远精致。生活中,很多男生都会觉得不化妆的女生更有吸引力,但他们有所不知,那种所谓的不化妆,其实是"素颜妆",全都是化出来的!我有个玩得很好的姐姐经常做代购,经常三四箱地往回搬化妆品,有一次,她也不问我要不要就塞给我一个瓶子,她说:"那叫素颜霜,你看到的'素颜'小姑娘,其实是涂了这玩意儿!"就我自己来说,到现在也不敢说化妆能化得多好,像修容、高光这种我都不会,但我意识到自己应该化妆。现在我每天坚持早起化妆,差不多持续了四个月了,多少已经习惯了,因为我感觉不化妆会显得与身边的人格格不入。

以前我觉得一个人素颜没什么,我就喜欢《创造 101》里面的王菊,跟我差不多。她就很自信——胖点怎么了?有点赘肉怎么就不能展示自己?胖不也就一百二三十斤吗?但后来我发现化妆真的能让自己获得一种自信,好像是给自己戴了一层面具——脸就不是我的脸了,修饰过后的自己显得更好看,我会更加自信。美剧《傲骨贤妻》第一季里面,有一个女性受害者上庭,说自己是被冤枉的,但没有人相信。律师就跟她说:“你晚上回家睡个好觉,早起敷个面膜,化个妆,再把头发好好梳一梳,然后再来给自己辩护。”对方就问:“这会让那个法官更喜欢我吗?因为我漂亮了?”律师说:“不是,那会让你更加自信。”我觉得有道理,化妆会让自己有一种莫名的、被美化过的感觉。如果让高一时候的我看到现在的我肯定会不高兴的,但现在不同了,国外的学习经历让我的观念发生了转变。

七、异化的性别权力结构

如果说一个人有多重属性,比如性格、学习能力、智商、情商等,那么在我们学校,性别则是放在第一位的属性。我们班 36 个人,一共 3 个男生,算是男生占比小的。可是,在我们学校,女性并不会因为人数多就占优势,北大的戴锦华老师说过,咱们这一代人,权力结构的观念是内化的,已经把这套社会秩序内化于心,就像意识形态一样,你察觉不到它的存在,人们完全想不到当下的权力结构到底平不平等。你不能说现在的男性没有性别观念,但他们的性别观念又是浅薄的,他会说,应该男女平等,男女人数就该相当啊!但是他看不见的是在权力的总量上双方力量不相当,也就是说他片面地理解了男女平等。比如,你要在我们学校同样招 5 个男生,5 个女生,这合理吗?肯定是不合理的。尤其是对那些已经拥有相当话语权的 20 世纪六七十年代的人来说,恐怕更难理解……

让我困惑的是:为什么女性不能支持自己?她们一方面把自己划归到女性团体,另一方面又在为难女人,这是一种怎样的性别认知呢?就像我中学之前并没有把自己想成是女性团体中的一员,而到了大学以后,却被强制划为其中一员。这让我百思不得其解,在整个女性团体中,身为女性,为什么不为自己伸张权利?为什么要为难女人呢?这究竟是怎样的一种身份认同?

这种心态就如同忍气吞声、备受煎熬的媳妇好不容易做了婆婆就开始给自己的儿媳妇施压一样，这到底是为什么呢？

有些女性活成了自己讨厌的那种人。

八、“中产二代”女孩的焦虑

说回我自己的家庭，对于目前的生活，我可能从中学时代就有种恐慌，就是我担心爸妈努力奋斗了这么多年，收获的阶层地位会在我这儿掉下去。毕竟这个位置还没那么稳定，中产就是不进则退，稍不留神就往下掉。

我明显感觉周围很多同学跟我一样，怕自己可能会过得不如爸妈好。20世纪八九十年代，社会还是流动的，靠高考就能改变命运。我发现现在人们占有的社会资源不尽相同，生活境遇好的越好，坏的就越坏，并没有那么公平。更何况还有自己父母的养老问题，今后都要我负责处理，没有一定的经济实力是不行的。

话虽如此，但我还想拼一把，实现个人价值。如果我真的为今后的生存焦虑，或许我就会向现实妥协，直接去读金融挣大钱了。我说的人生价值，就是不被那种大型流水线所代替的一种人的价值，是比较个性化地呈现自我的一种价值。

按以往的经验判断，我提出的实现“自我价值”还是早了一步。按道理我应该继续积累财富，这样到了我的孩子那一代，他们才有能力去实现自我价值，这也算是中产阶级的发展规律吧！

说实话，我对婚姻比较抵触。前两天我回去参加了一场重要的婚礼，不管是婚礼的仪式，还是大家的祝福，都让我感到不爽。因为大家都希望新娘早点生孩子！他们夸新娘时只会说她漂亮，没人注意到她事业有成……中国的婚姻就这样！

关键是新娘自己不觉得这是对她自我价值的污化和贬损，她本人很享受被这样夸赞。我就不喜欢这样的东西，面对未来，我打算实现自己的人生价值！或许，这才是我真正想要的。

之华：源于“性别歧视”的意识启蒙

访谈及整理者/王泰

小时候的生活环境让她对“性别歧视”有自己的理解和感受，本文关注的正是这样一个理工科女大学生的成长历程，她在探索自我和实现自我的纠葛中，也实现了对性别焦虑的突破。

从坚定的女权维护者到寻求性别解放的倡导者，她在自我成长的过程中不断探索自我，追寻人生的意义。

一、性别意识的萌发

我觉得自己上小学的时候就已经能感受到与性别相关的某种歧视，也就是所谓的“性别歧视”。我有这样一种明显的感觉：人是有“原罪”的，这个事实不是我努力就会改变的，这种“原罪”仿佛是与生俱来的，是一种来自他人对我的厌恶和不满。搞笑的是所有的大人都以为我还小，什么都不懂，但其实……

我懂！

我能强烈地感受到这种被区别对待的感觉，就比如他们大人聊天，具体谈论了些什么我已经记不清了，但那个时候我就能从他们的字里行间接收到各种“不满”的信号。现实告诉我，不是靠自己的努力就能转变他们的看法的，简直莫名其妙，我又没有做错什么，况且这也不是我能改正得了的。

我和我爸聊天时，他永远在强调：“一个女生要怎么怎么样……”“一个女生念一念(指读书)就可以了……”可见，他对我的人生要求可能就是把书读好。再比如，当我没有考好的时候，我爸回来就会说：“你看你考得不好，我都不想回来了。"我就很不开心,难道我成绩不好你就不想回来了？你想不想回来跟我有啥关系！有意思的是我爸的"歧视"原因就是:你是一个女孩,这已经让我很尴尬了,所以你要好好学习才能弥补"我"的尴尬处境,弥补你的性别带来的"缺陷",这样(我的)心理才能平衡,说出去才会比较有面子……当然我是站在他的角度来解读的,也可以说他就是这样想的。社会上像我爸这种人的主张就是:你是女性我就歧视你,没有什么理由。

上小学的时候,我跟我哥哥(堂哥)读同一所小学,我俩总会被大人们放一起比较成绩。前几天他还来过我们家,聊天的时候我才知道,不光是我因为被比较这事儿不开心,他也一样。当时,我小学一年级考了双百,中午放学,我在奶奶家吃过饭就走了,后来我奶奶把小学一年级的哥哥堵在墙角骂了整整两个小时,就是因为他考试成绩没有我好。整个过程,他妈妈没有任何表示,既没有阻止,也没有替他辩解,就在一旁静静地看着这一切。我奶奶她老人家有时候比较狂躁,不够理智,那一次是吓到孩子了。哥哥说那是他第一次因为学习被训,也是让他印象最深的一次,后来这样的事儿多了,他就开始变得讨厌学习。

我现在想来觉得很荒唐的一点就是,我奶奶从未要求我学习成绩要好,不管是直接或者间接的,她也从没向我强调过学习有多么重要。不知道是因为我成绩还可以,还是因为她对我没有那么高的期望。像我奶奶那种性格的人,对我没有期望反倒是件好事。如果从另一个角度看,她其实对自己的孙女是没有太多期望的,反倒希望身为男生的哥哥能好好学习。

当然,我奶奶身上还有些许"知识无用论"的影子。因为她很"江湖",她很了解人性,我家有现在的家业,可以说是因为我奶奶对自己从实践中得来的"智慧"表现出的强烈的自信,还有对"常规"知识的满不在乎。不过,我觉得像她这么厉害的人应该很清楚,现代社会,一个人"学习好"这件事情还挺重要的,只不过她没有在我面前表现出来罢了。我奶奶可能内心特别认同学习好很重要这件事，只是有点求而不得吧！或许，她一直希望我哥哥学习好，但当心愿没有实现的时候，她便会对学习有用论加以否定，说："只知道学习的人没有用，学了也白学……"这样，她才能安慰自己：没关系，因为这个世界上并不是所有人都需要学习好！

还有一次，我下午上学碰到哥哥，我俩路过爷爷奶奶家，爷爷就骑摩托送我们去学校。路上，哥哥突然跟我说，以后这屋里所有的钱都是他的，跟我没半毛钱关系，因为他是家里的掌门人！

我坐在车后面听到这个吓了一跳，差一点就要跳车了，就是有种"What？！"What are you talking？"的感觉。我对这件事记忆犹新，虽然那时我还小，不懂事，但作为一家人的哥哥突然和我这么说真的让我特别惊讶，心里就会跟他产生一种距离感。

那之后，尽管我们在一个学校上学，难免会被拿来比较，但我就是不想表现出跟他很熟的样子。

不知道我爷爷当时是不是听见了，至少以他平日里的表现来看，他应该是认同我哥哥说的话的。小的时候，我们在爷爷家那个院子里学自行车，我的运动神经本来就不发达，平衡感不好，而且我的自行车要比他的大两三个号，所以我学起来超级慢。我现在已经记不得他说过我什么了，但我能感觉到他们嫌我蠢……

我感到"性别歧视"，除了跟我爷爷奶奶他们坐在一起吃饭的时候听出来的，还有就是我妈会无意识地给我灌输这个观念。我记得我妈曾经说过，我爸一直抬不起头就是因为我是女生，后来我成绩好了，他就又能抬得起头了。这就让我很不能接受，我爸抬不抬得起头跟我有什么关系？毕竟我又没干什么违法乱纪的事情，就算我成绩不好，那又怎么样？难道他就一辈子都抬不起头吗？我也没有危害社会啊！我到现在都讨厌这样的逻辑。

我高考完填报志愿的时候就跟我爸摊牌了，我说："你这样我真的很受伤，所以请你不要把这些偏见强加在我身上，我不管你咋想，不要在我这里表现出来，我不想听到……”就像我绝对不会跟外人说我的父母令我抬不起头之类的话一样，我不会对自己的父母有过多要求，我只求他们对社会没有危害，他们活得开心就可以，我不会对他们有什么看法，同样我也不希望他们要求我如何如何。我认为把自己的人生建立在对别人的希望上简直太愚蠢了，所以我感觉现在和家里说开了，他们应该不会再这么想了。我当时还是个中学生，听到这些歧视我的话时压力还是很大的，就感觉非常压抑，毕竟我还小，也不好反驳他们，但就是觉得哪里不对，说不出来。

一直以来，我都被我妈教育说：“大家都因为你的性别而看不起你，所以你就得好好学习。”我感觉她走了一个很搞笑的路子：因为我是女性，别人看不起我，我反倒要更努力地证明给别人看……但她可能没有发现这其中巨大的漏洞，就是当我证明给别人看的时候，其实就是承认了某种“不行”“不平等”。可以说，每个大人就这一问题的表现各不相同，可是在这种氛围中，我很容易意识到发生在我身上的种种尴尬的事是自己的性别导致的。

二、我最自然的样子

小学的时候我就比较大大咧咧，也特别喜欢开玩笑，一直就有点吊儿郎当的。我承认我的状态有问题，尤其是在课堂上，这样会显得对老师不够尊重。当时一个从政教处调过来临时代课的老师就把我叫到讲台上批评我，因为我上课时不认真听讲。现在的我肯定举双手赞同学生在课堂上要尊重老师，但当时不好说是因为我的听讲态度不好才遭到老师的批评，还是他觉得作为一个女生不应该这样，希望我有所收敛，这已经无从考证了。

小的时候，学校里也有很多男生喜欢(在课堂上)开玩笑、交头接耳。生活中我不会顾忌太多，说话总是大大咧咧的。但当时我的第一感觉是这个老师认为女生是不能这样的，女生大大咧咧的就是对老师的不尊重，而男生如果在课堂上出现同样的举动,在老师眼里可能就没有那么严重。因为在我上学的时候,这样的老师不少,他们眼中女生不应该这样,而且他们并不认为女生开玩笑有趣。幽默感这个东西仿佛表现在女性身上很突兀。

我现在的感觉是对于一个女性来说,她身上具备的幽默感并不那么受欢迎！可能整个社会更愿意看到女性表现出矜持、害羞这样一些特质,而当你说话声音比较大,又喜欢和别人开玩笑的时候,你就不那么“淑女”了,也就变得不受欢迎。同性之间还好,女孩子有幽默感会让你跟别人更容易相处,但在异性面前,“淑女”会显得更有优势。我从小到大都能感觉到男性似乎更喜欢“那样”的女生！而我自己又很难改变,没法迎合大众。有些东西是假装不出来的,每当我大脑放松的时候,我就忍不住跟别人开玩笑、调侃,所以我没办法成为受大家欢迎的那种女生。

当然,我的性格在与同性的交往过程中还是能为我带来些许好处的,尤其是像我这样大大咧咧的性格,在大家都想得比较复杂的时候(特指在与女性群体的交往中),能让我避免受到困扰吧！在我的朋友圈中,虽然我和男性相处起来是很愉快的,但他们还是不太喜欢我这样有幽默感的女生。

就我个人的观点来看,一个人“有意思”还蛮重要的！这样相处起来,对方就不会感觉无聊,不会认为这个人很“装”,也许我想让自己活得更加真实一些吧!

三、女孩儿怎么不能学好数理化?

初中时,我们班里成绩好的女生还不少,不过后来增加了物理和化学,女生这个优势就不再突出了。很多老师就会说,原来女生靠的是认真勤奋,等上了数理化,她们不再优秀是因为她们不够聪明……

怎么说呢？我并不这么认为。我觉得这就是在给所有的女生暗示:你没有这个天赋,数理化注定不如男生等,这其实是对女生的一种无情打击。

根据我的经验，学数理化，只要不是那种竞赛性质的，只是完成普通高中阶段的教育，考个大学的话，真的完全谈不上什么天赋。只要打好基础，不要脱节，跟着学校一点一点往上走，每个人相差都不大，并不是说男生的逻辑思维就占有一定的优势，或许男生比女生学习数理化稍微轻松一些，但女生只要努力就能学好。

不过我感觉周围的人老是在强调这些东西。我妈就会跟我抱怨说，我的物理、化学肯定完了，一定得请老师辅导辅导什么的。

后来我能留在理科班不得不感谢我的初中物理老师。她那个人就是“三八红旗手”类型的，非常坚强可靠，她身上没有传统女性的那些柔弱、矜持等“优点”。之所以这样说，一方面是因为她教我物理，学习期间我至少没有产生畏难心态，在她的指导下我愿意去努力，她不会因为我是个女生就对我说：“不行就算了吧！还是学文吧！”另一方面，就是她这个人既乐观又坚强，她是我接触过的所有老师里面最强大的一位。她课上教得特别好，工作出色，还把自己有残疾的孩子教育得很出色，实在是太难得了。相比较而言，我初中的班主任就很喜欢抱怨。我们这个社会不总是在说女生喜欢抱怨吗？而我却从这两位老师身上看到了完全不同的样子。班主任老师，他虽然是个男的，但我感觉他更像一个“怨妇”，他给我一种泼妇的感觉，就是他会把气往一个人身上撒。他还比较小心眼儿。我慢慢感到爱抱怨是分人的，就以“怨妇”这个词来分析，其实重点不在“妇”而在“怨”！并不是说男性就不喜欢抱怨，现实中爱抱怨的男性大有人在。

四、思考学习的意义

我上初中那会儿成绩没有那么理想，我能感觉到我妈很着急，母女矛盾也就慢慢出现了。我俩之所以产生矛盾，一个很重要的原因就是我开始有了自我意识，慢慢地，我开始察觉到一些看似合理的现象背后被忽略了的问题。我会觉得有些事不对，不想那么做，但她(妈妈)非要让我那样做，表现得有点儿歇斯底里，我很不喜欢。

我妈妈不能接受的是，我上小学的时候还蛮听话的，在她看来，自打我五六年级以后，就变得不听话了。比如去买衣服的时候，我要自己选衣服；我想做什么的时候，会频繁遭到大人的质疑，然后我就会反驳他们。

当然，我成绩不好，一部分原因是自己偷懒，但我开始思考，凭什么我要学习？我为什么要学习？他们一直给我灌输的理由是：你是个女生，别人看不起你，所以你就要把它化作动力，好好学习。但上初中以后，我的内心深处便不认同这些观念了，渐渐地我也就没有了前进的动力，因为我不知道为什么要学习。

我并不认同那些"我要比别人好，所以我要学习"一类的观点，所以，这件事儿一直困扰着我，没有答案，我也不知道为啥学习，仿佛总是被人推着走。就像中考，我们就是毫无目的地往前走，因为只有考上高中，大人才不会继续烦我们，才会给我们留一些空间出来。

然而这些问题是到我上大学都没能解决的，我不知道我为什么要学习，为什么要比别人学习成绩好，为什么要努力……我一直没有找到答案。高中的时候我成绩跌得那么惨，就是这个原因。

五、高考——我的选择

首先，我不认为性别是我选择学文科或理科的一个因素，我甚至连考虑都没考虑过这个因素。

我选理科一个很简单的原因是出于理性的考虑，还有就是所有教过我的老师从来没有因为我是女生而劝我学文科。有一次，我和朋友放学路上说起过这个，因为他和老师走得比较近，我从他那里得知老师居然认为我适合学理科。我的高中班主任(数学老师)也是，当他问我选文理科怎么考虑的时候，我说我化学学得不好，有点想学文科。接着我就被老师给"怼"了，他说："你化学不好就要选文科？你要知道，化学是理综里面最容易的了。接着就啪啦啪啦说了一大堆。我也明白老师的意思，就是说我当时应该克服自己学习中的弱点，只要努力就能够有所改变。从这个意义上讲，尽管我成绩没有那么好，可老师们从来没有否定过我，没有一个老师劝我转而学文科，他们对我的选择还是起到了重要的影响的。

其实我本人还挺喜欢历史，但是我对文科里面的政治不感兴趣，不想背东西，再加上一中的理科实力比文科好，选择面也广，所以我就选择了理科。当然，我妈也经常劝我说女孩子学理科累，吃力不讨好，但我并不想参考她的意见。高考报志愿的时候，我奶奶跟我爸说让我学医，可能这样以后可以方便家人看病。当然，我也暗示我周围的人：我不希望由他们来决定我以后应该选择什么专业，他们说的那些我压根儿就不会考虑，我从没把那些意见放在心上。我的观念令家人感到震惊，他们认为我不理解他们所谓的“好心”。

通过这些事，我意识到，我要让父母的意见不再是一种决定，而只是单纯的“建议”，他们不得不接受这一点——做决定的人是我！如果不改变，那么在我漫长的一生中，父母都会帮我做决定，甚至会对我指手画脚，而一旦我有自己的想法，实现起来就会变得非常艰难。上大学以后，我依然会花一些精力让他们慢慢接受这一点，就是要做决定的人是我，而不是他们，他们只能给孩子提出建议，只能站在旁边看着，不该完全干涉我的生活。

六、大学里遭遇的性别冲突

上专业课的时候，我们老师就吐槽过学校招收研究生的制度。

我们专业本来女生就多，他就觉得女生考进来靠的全是认真和死记硬背，而他就想多招几个男生。我很想质问他：“你想招的是有创造力的人、对未来有热情的人，还是只想招男生？”作为老师，指责那些认真学习的女生，对此表示不满，这简直是不可理喻。

一个教理科的老师如果连因果关系都搞不清楚，那实在是太不应该了，难道是因为女生们认真努力才害得老师们招不到想要的学生吗？

不能因为女生认真勤奋，顺利地通过了现行的招生考试，就指责她们太过认真，只会死记硬背，这是第一点。第二，就是有的老师想多招几个男生，因为未来男生读博的希望更大，一些女生则会选择结婚，但是我觉得作为老师应该选出那些愿意读博的学生，而不该单单给男生留机会。尤其是我们院长，他每年招收博士的时候，男生数量都是固定的，就算女生再怎么优秀，他也更倾向于要男生。

现在大学里一些女生基数大的学科中，老师们想要男生；女生基数小的学科，比如电焊、机电、计算机等专业，招聘单位更是不愿意要女生。那我们女生学什么，以后做什么？这就很尴尬，因为你学什么都不行，不管是基数大还是基数小，你都难逃命运，在这个社会男性更有优势，所以你只能变得更强！

大学里，有些女生同样会因为性别问题而焦虑：既想工作好，又想嫁得好。

当女性既想遵循社会对一个女性的要求又想实现自我价值的时候，就难免产生所谓的性别压力。我身边的女生当中，那些学习好、组织能力强、有能力的人，追求她们的男生反倒很少，当然她们自己也很介意这点。比如我的舍友，她告诉我，她最讨厌别人说她是“女强人”。尽管她很有能力，但她更愿意让自己显得“小鸟依人”一些。我说：“我感觉他是夸你啊！”可她本人不这么想，她说那些男生说她是女强人的时候，其实会带有不太友好的意味。我宽慰她说：“那是因为他们太弱了，不懂得尊重你的强大。”可她自己就对这点（“强大”）感到不满。她这样的心态是非常矛盾的，因为一个人的能力是关不住、藏不了的，她希望自己能做到更好，但又害怕自己做得好而失去对异性的吸引力，或许在东亚文化圈里，社会主流更青睐一个“弱”点儿的女性，而不希望她多么强大、能干。现实生活中的大部分女生，至少是我能接触到的那些，她们也都想找一个比自己强的男生处对象。那么从男性的角度看，比那些“女强人”更强的男性就更少了。可是大多数男性又很排斥那种非常要强的女性，这就特别矛盾。

我和好多关系好的女生说过，其实像她们这样优秀的女生，没有必要找一个比自己强太多的男生，因为她们只要自己足够强大，就算对方比自己弱那么一些又能怎么样呢？我甚至认为把“男女”（这里指的是社会性别角色）倒过来都可以，我还说这种男强女弱的观点就是进化论的遗毒等，可我的看法仿佛对她们没起到什么效果。

还有像我们这样学理工科的人中，“直男癌患者”也不少，很多男生都这样。

我读大二期间曾在系里的学生办公室值班，跟两个男生讨论过关乎前途的话题。他们会说：“唉，我们好辛苦啊！现在房价这么高，以后还得买房……”我随即表示自己有同样的压力，可他们却说：“啊？你还用赚钱吗？你可以嫁人嘛！”那一刻我就特别震惊，他们居然认为女生可以生活得很舒服，就因为女生不需要考虑买房的事儿。但我并不这么认为，因为买不买房在我看来其实就是一个责任心的问题，买房不光是对一个家庭中男性成员的要求，对女性也一样，安居是组建家庭的前提，男女双方都对这个家庭承担着责任，都要履行义务。但他们所说的女性“不用担心自己的未来”，简单地说，就是女性不必考虑买房的问题，因为她们可以把这项任务交由男性去完成。后面我怕会和他们吵起来，就没再往下说。

我讨厌的是这些男生以为女生只要依靠他们生活就能过得很舒服，不用担心什么未来、前途之类的想法，真的非常可笑。

七、关于女性主义——我想说的话

小的时候，我妈督促我，让我好好学习，而她的理由在某种程度上默认了社会已有的性别偏见或者说是一种歧视。说到底我们努力工作，并不是因为我们是女性，是受到了外界的歧视才努力工作的，是为了要证明给别人看，而是因为我们是一个人，一个社会的人，我们女性对自己的人生有所期待，希望自己的存在更具价值，所以才会在社会上努力拼搏。这种人生态度与性别没有什么关系，我们只是想努力地成为自己——成为一个完整的人而已。

我表姐就是女性中成功的例子。她想要通过努力学习来证明别人对她的偏见都是不对的，性别因素竟然成了一个人前进的部分动力，这是很可悲的。这说明她受其干扰，并不自觉地被这种逻辑所支配，迷失了自己的方向。

现实生活中，人和人的想法又不一样。如果你现在的梦想是只想当一个平凡的、幸福的人，但种种外界的“眼光”让你不得不去证明自己，违背自己的内心活着，那你和那些因受到性别歧视而选择成为一个凡事无所谓的凡人的人本质上是一样的。这两种人都是在社会性别影响下，由可悲的意识形态塑造的。

当然，一些女性愿意为工作付出，变成一个彻头彻尾的工作狂，对此我没什么好说的。但是她们如果希望像男人一样，既拥有美好的家庭，又有拥有成功的事业，那几乎是不可能实现的。同样的，我再举个例子，一个成功的女性找对象，她不会像刘强东找奶茶妹妹一样，去找一个清华大学的“校草”。在男生堆里，像奶茶妹妹那种级别的“校草”本来就不多，再加上社会的舆论，男性以相貌获得异性青睐的行为必然因无形的压力而让这些人望而却步，这比奶茶妹妹的压力大多了！“吃软饭”这三个字，尤其是对一个男人来说，实在是令人太过羞耻。相比之下，如果一个女生想有所作为，一旦有人批评她要“相夫教子”的时候，还会有女权主义者站出来帮她说话。可如果是个男生，他万一只想依附于别人，变成别人的“贴心小棉袄”，几乎没有人愿意站在他的立场上思考，帮他说话。

性别问题的确会给我带来困扰，还有焦虑。这个社会对一个想要平凡而幸福地生活的女性来说没有敌意，但对一个想要在事业上有所成就的女性来说，它是充满了敌意的。这就像我们的社会对一个想要平凡生活的男生或一个认认真真想“傍富婆”的男生来说，是充满敌意的一样，他们都缺乏被理解、被关照。我现在不会惊讶于社会上那些千奇百怪的现象，某种层面上讲，它们可能都是能被理解的。

后来，我开始接触一些有关女权主义的书，觉得还挺有意思的，但我发现这些书存在一个“幼稚”的错误。我认为，女权主义并不是要女性变得强大、变得像男人一样。相反，女权主义应该拥护女性所做的每一个选择，即使她想当一名平凡的家庭主妇。只要这个愿望出自她的内心，她对此有着强烈的渴望，就应该被支持。我不希望女性的选择被社会道德所绑架，所有的女权主义者都应该被支持和被理解。女权主义，其实就是要让女性成为她自己。这个观点还是我看了一部电影之后才恍然大悟的(图 3-1)!

电影《蒙娜丽莎的微笑》中的故事发生在 20 世纪六七十年代的美国，故事

图 3-1 电影《蒙娜丽莎的微笑》剧照

的主角是一个未婚的女博士，后来在一所大学当了教授。要知道，外国女性的权利可是一步一步斗争来的。

女博士所在的大学里的女学生都非常聪明、优秀，家世也好。作为老师的她鼓励学生们读硕士，可当时的女性读大学其实并不是为了搞学术，只是为了嫁个优秀的男人，所以学生就会写文章怼她。影片中还放了美国的一个广告片：一个女性学物理，她最大的成就就在于如何经过测量，做出拥有成熟度、体积、表面积之间完美比例的肉丸。这是多荒唐的一件事儿啊！好像所有的女性读书就是为了做一名合格的家庭主妇。

电影中还有一段描写了她的两个学生，二人出身很传统的家庭，父母又是校董事会成员，两个人一个已经结婚，另一个订了婚。已婚的女学生毕业之前发现丈夫出轨了，她的父母知道后很伤心，但回家之后，她妈没让她上楼，跟她说："你把眼泪擦干，然后回丈夫家道歉。"这是她无法接受的。这个姑娘原本的梦想是当一名家庭主妇，正因为爱人出轨，才让她重新有了去哥伦比亚大学读法律学硕士的想法，走上了一条和原来完全不同的道路。另一个订了婚的女学生想读法律，老师就建议她去耶鲁大学，但离开学校之前老师发现她结了婚，还拒绝了耶鲁大学法律系的录取通知书。老师特别生气，质问这个女生："你难道甘心当一名家庭主妇吗？"而她也很认真地对老师说："我就是想当家庭主妇，这就是我现在的愿望，我就要结婚。"老师被她说得哑口无言。

通过这两个故事我才意识到，并不是说一个女性拥有非凡的事业，才叫成功，我们应该拥护每一个想要成为自己的女性，即使她愿意相夫教子，成为一个家庭主妇。我现在坚持的理念是：当一个女性告诉你，她退到了一个很小的空间，无法掌控很多事，能够实现的东西并不多，但当她认清楚这一点，还愿意为之付出，做一个平凡的家庭主妇的时候，我们都应该支持她，这就是我现在对女权主义的理解。

过去的一段时间内我都认为，生活中很多女性甘心当家庭主妇，不追求自己的事业是生活所迫,可在我妈身上,我看到了这些女性的另一面。其实她们当中的大部分人都认同当下的性别分工,她们理想的生活状态,仿佛真的就是成就自己丈夫的那一片蓝天,而自己则是被庇护的那一个。换句话说,其实这些人活得没有安全感,又或者是人格不够健全?这个词可能有点严重,但至少我感觉她们的生命是不完整的,不够独立,所以就想去依附于别人。

上大学的时候,我经常和我妈聊天,我试图把她改变成一个人格独立的女性,可后来我发现这完全不可能。在她自己的世界观里,让她认同的女性应该是需要持家的,大概就是家庭主妇的模样吧!所以,当我试图去把她认同的女性形象扭转成其他样子的时候,阻力其实是比较大的,实现起来很困难,我后来也就不强求我妈人格独立了。

我发现在我们的社会中,很多女性和我妈想法一样,内心是认同传统女性的社会分工的。她们手无缚鸡之力,当她们没有能力去反抗一段不幸的婚姻时,其实她们自己也是参与者,因为她们给了别人伤害她们的权利,可惜她们自己没有意识到这一点。她们的人生是不是过得幸福,全靠能不能嫁个好老公。她们一直天真地以为这种生活是安全的,但事实上恰恰相反,一点儿安全感都没有!姑且不说你嫁的男人能不能成功,能不能实现你想要的心灵庇护……这些都是未知的,当他做不到你想要的这一切,你再想全身而退就很难了。

一个女性,在她提升能力的阶段选择投身家庭,可能力并没有相应地成长,思想上也不独立,一旦出了差池,便难以从那个泥沼里退出来。所以我就意识到,不只是我妈一个人,社会上很多那个年龄段的女性,包括我在大学的室友,都是如此,都是被社会教育出来的不完全独立的人。

八、科学技术在不断推动着女性的解放

作为学理工科的人,我对科技还是比较痴迷的。

就比如说，生孩子这件事，要放在以前，女性就得连续不断地生孩子，女性长期处在哺乳的状态，人生最宝贵的时间就这么过去了。如果，女性既选择生育，又选择事业，同时自己的伴侣不愿意帮助自己抚养后代，这对一个女性来说是多大的敌意啊！

所以我认为避孕药、避孕套是好东西，它们解放了女性，把女性从哺育后代这件事上解放了出来。从此，女性可以自己掌控自己的身体。因为，怀孕是不受女性单方面掌控的，在没有技术手段的年代，孩子出生以后，所有的一切都要由女性自己来承担。可悲的是，她没办法对自己负责，因为她不能控制怀孕，但后果却要她来承担。我就感觉这是自然界对女性的不友好，我不能理解，或许这是我们生来的缺陷吧！

有了这些技术手段，我感觉下一步最要紧的事就是延长女性怀孕的年龄。我现在就特别崇拜发明试管婴儿的人，他简直就是神！因为他把你的身体还给了你！

还有，一个事业有成的女性，想在 45 岁以后再生孩子真的很难，因为你的身体情况已经不允许你这么做了。社会上，女性不可能像有些男人一样，45 岁结婚，娶个 20 多岁的女人给他生个孩子，女性是做不到的，这是自然界赋予女性的缺陷。如果有一天，生物学的进步让生育不需一个固定的年龄，你可以在 30 岁冻卵，50 岁拥有属于自己的孩子。况且你还能反悔，有的人想一辈子做丁克，如果她有一天反悔了，想要个娃的时候，科技便可以帮助她实现愿望，这样你的身体才真正属于你自己。你可以决定很多东西，而不需要因为女性自身的器官限制而放弃，你同样可以像男人一样挥洒青春，拥有自己的事业，而不被生育所困扰。我相信能够突破这种限制的唯有技术了，它对于一个人的自我实现来说简直是太重要了。

我发现现代社会女性的地位在慢慢地提高，这其中技术因素肯定起到了重要的作用，而且我自己如果能参与其中，一定是非常有意义的。我感觉只有技术能帮助女性获得身体的自由。

九、我对自己的期待

我从我妈妈身上看到：当女性成为一个纯粹的家庭妇女的时候，内心是不安的，因为你眼中只有自己的老公和孩子。当这两个人都没办法达成你的期望时，你会觉得自己的人生变得悲惨无比。

从我家的情况来看，我爸不觉得他今天取得的成就里有我妈的一份功劳，我妈不光是洗衣、做饭、带孩子，为他减轻负担，还做了很多其他工作，但我爸那种人是不会那么想的。所以，想要依靠别人的成就来生活的想法，其实很荒唐。这也就是为什么我不会选择这条路，至少现在不会，我意识到它是有极大风险的。如果选择了这条路，我就要承担相应的后果，我想过这些，也知道其中的艰难。传统家庭的妇女要求丈夫在外面奋斗，她在家里洗碗擦地，在她看来，他们所做的并无任何差别。但女性可能没意识到那些洗衣做饭的劳动靠着努力、勤奋、认真就能做得很好，可是要想在社会上打拼，取得所谓的成功，可真是比规规矩矩当一个家庭妇女要难得多，现实就是这样的不平等。一个人想在社会上做出一番成就，除了要有才华，还要有天时与地利，要综合很多因素才有可能实现。但做好家庭妇女，最重要的就是两个字：本分，只要你努力、认真，心无杂念，都可以做到。所以我也看到了社会给予男性的巨大压力，因为他们要立业，要成功，等等。

就我个人而言，在选择婚姻、工作时，我不得不深思熟虑，至少我清楚其中的利弊，以及自己忍耐的限度。我现在不会一上来就追求自己的事业，但我至少清楚不同的选择会带来不同的后果。

我过去的生活让我拥有了很强的性别意识。我觉得女性今后在社会上一定要独立、自强，要有自己的事业，但后来我的想法慢慢地有所变化，我意识到了这种想法的局限性。所以我现在说不好自己究竟是想拼事业还是顾家庭，我只想说，当下我所经历的这一切，会帮助我做出更理智的选择吧！

艾力：追求个人自由的新女性

访谈及整理者/王泰

活泼又开朗的她在大学的生活即将画上句号，走向社会后她面临了种种不适，又经历了种种戏剧性的转折。她追求自我，但又陷于“新”与“旧”的漩涡之中，希望她能够在自己的工作中调整、平衡，实现自我价值。

我大学毕业之后在家乡的一所重点中学教书。

以前，不知道自己想要干什么，过得恍恍惚惚，完全没目标可言。大三的时候，我去美国作为交换生学习了半年，算是有点收获。

一、赴美交换的点滴感触

那会儿，我申请去美国的一所公立大学做交换生，就住在华盛顿附近的村子里。反正我就是想出去看看，走出中国，接触不同的环境，认识各种有趣的人，所以我感觉那段经历对我的影响还是很大的。

我在美国认识了一个特别好的朋友，她是台湾人。尽管我们在政治认同上不一样，但这并不妨碍我们之间的交流，在美国生活过一段时间后我感受到了一种包容理解的氛围。我当时 21 岁，她在台湾毕业以后去德国重新读了一个本科，做交换生的时候已经 27 岁了。要是放在国内，她可能就是人们口中的失败者——一个 27 岁还在读大三的女生——没有男朋友，没有工作，人也老了，等等。但是这又怎么样呢？在国外，别人根本就不会在意这些，她自己也是相当自信，非常认同自己的学习能力，不会觉得自己 27 岁了还没毕业就不如别人。当然，她也经常鼓励我说，我这性格还挺适合在国外生活的，希望我以后有机会一定要多出来看看。

仔细想一下，世界那么大，当你有了一个比较开阔的视野之后，就不再会被一些细枝末节的问题所困扰。

在美国，我第一次系统地上完了女性主义的课程，了解了西方女性主义的兴起以及发展的过程。我特别肯定的一点就是女性一定要争取自己的平等权利和地位，而不应该像大家说的：女性当老师很好，女性就应该在家看孩子、洗衣、做饭，这种观念是我没有办法认同的。

值得庆幸的是，我现在没有被改变，依然能坚持自己的想法。

在传统中国式家庭里成长起来的孩子，可能会有一种与生俱来的、因为不想让父母失望而刻意去讨好他们的心态。但当你真正想要成为你自己的时候，就避免不了与父母产生矛盾。我觉得这个矛盾其实是可以被调和的。作为一名女性，需要有一个对自己的期待，身为女性并不意味着必须依赖某一个人，更不意味着把自己的生活交付给别人就大功告成了。关于两性关系、恋爱的话题也涉及男女平等，当你有了对自己的未来比较清晰的判断，才会知道自己想要的究竟是什么。

刚到国外的时候，我还很害怕和外国人搭话聊天。以我的性格，在国内肯定不会这样胆怯，可当我处在一个都是欧洲人的圈子里时，因为恐惧，可能就会无意识地想取悦别人，反正没有在国内那么自然。

我开始还经常和一些外国人玩，后来觉得和他们在一起很无聊，聊不来，没必要跟他们待在一起。周围的人说，我们中国人保守，我们中国人总是和中国人在一起什么的，我一听就觉得反胃，那你们欧洲人为什么老是跟欧洲人待在一起？

不同国家的文化对人的塑造体现在各个方面，我觉得兴趣爱好不一致的人，就没必要在一起玩儿了。

那些美国人特别能“玩”,私生活真的相当精彩。他们会背着自己的伴侣,可能是异地还是什么的,和其他人发生一些不正当的关系,当然他们自己没觉得有什么,大家都理所当然的样子。这我就很不能理解,我觉得人们对爱情的忠贞应该是不分国界的,这个事儿根本就不是我们中国人保不保守的问题!

我以前还对美国抱有巨大的幻想,觉得那里什么都很好。可当我走出去才发现,不管是在什么样的地方生活和学习,能否适应完全取决于自己的心态,不管在美国,还是在其他地方,都一样。这次做交换生算是打破了我原先对国外的种种幻想吧!

二、教育实习

我实习的指导老师是这个学校一年级的班主任,我感觉他责任心特别强,凡事喜欢亲力亲为,很多事情都自己做。相比之下,我就没怎么干活儿,但又不得不在办公室里待着,特别无聊!我感觉指导老师就天天看着我在那儿发呆。同时参加实习的其他几个同学还挺忙的,他们会在指导老师的指点下做很多工作,比如做PPT、整理教案。

给一年级小孩儿上语文课,内容不难,像教儿歌一样,至于有没有好好备课我已经不记得了,但我上课时肯定是非常紧张的,结果课堂的效果就很糟糕!可是那些小孩特别给力,给我捧场,我算是顺利讲下来了。

我当时感觉小学的那些东西很简单,没有挑战性,再加上缺乏兴趣,内心其实是拒绝当老师的。那段实习经历让我觉得跟这些孩子相处得很开心,可我就是不想跟孩子们打交道。我觉得这份工作需要耐心加细心,哪怕一篇课文看起来很简单,也需要花很多心思去备好一节课。事实上,班主任的工作除了教学以外,还需要处理很多事情,工作量也不小。

当然,在学校实习前,我也找过其他的实习单位,比如广告类的公司,还有更杂七杂八的工作,我都试过。后来因为学院安排的实习卡在中间,广告公司就没有去成，这多少让我有些失落。刚好等 10 月份实习完了，我就又可以开始寻找新的工作了。

三、做一个时尚杂志的编辑

我从小就喜欢看杂志，给杂志社尤其是时尚类的那种杂志，平常我也关注一些公众号，感觉很有意思，所以我就尝试着去投简历，可惜没被录取。有可能因为我大学在女足待过，所以简历里面就写了很多自己很厉害的体育经历。但后来想想，我应聘的公司是搞时尚自媒体的，怎么可能会要我啊！

第二次投简历的时候，我花了很多心思，毕竟要应聘有着几百万粉丝的时尚公众号的自媒体公司，我就想着把自己的简历“包装”得漂亮点儿，还增加了自己写博客的经历，至少要让简历内容像个求职的样子，不巧的是，这次我又被拒了。我不死心，又投了几次，后来居然不让我投了！我想，这样可不行啊，至少得让 HR 看到我的简历才行。接着我就投了另外一个不相关的岗位，可能 HR 看到后觉得我还不错，就打电话过来让我去试试，最后我算是面试成功了吧！

我上班的公司在三里屯，离学校很远，我每周大概去个三四天。还记得当时大冷的天儿，我早上骑个摩拜单车去积水潭坐车，一路上感觉自己就像日剧里的女主角一样，内心喜悦，充满活力，迎着严寒去开启美好的一天。

我的日常工作就是在这家自媒体公司做编辑，写一些关于时尚的文章，比如一些西方的时装发展史，还有关于女生穿搭指南一类的东西。这个工作虽然看起来非常简单，写写文章就好了，其实我还有很多需要学习的地方。工作中，我收获了很多干货，比如，怎么写高质量的文章、怎么用单反相机拍图修图、怎么处理矛盾、怎么做好情绪管理，等等。公司里还有很多图书，有什么不会的完全可以自学。在这种创业公司里工作，很多东西都要靠自学才能让自己成长起来，一开始我也什么都不会，慢慢地就上手了，还能做得很好。

上学那会儿，我不怎么喜欢看书，也不擅长写文章，有点儿愧对学校的栽培。但是在这里，我发现自己写出来的东西还是得到了大家的认可，慢慢地我养成了看书的习惯。我意识到自己不应该为了看书而看书，而且当我有疑问需要解决的时候，这种疑问也成了我阅读的动力。人在阅读过程中，源源不断地产生对这个世界的好奇，就会去看更多的书，发现更多有趣的问题，阅读习惯也就自然而然保持下去了。读书就是启发了我们对生活和人生的好奇心吧！

总的来看，这段实习经历的确让我有所改变，每天投入到工作中真的让我非常开心。如果我当初没有在那家公司实习，少了这段经历的话，很可能我就学不到那么多东西，也就不会有现在的我了。

从那个时候开始，我就觉得自己应该会把这个工作一直做下去。因为我特别喜欢这家公司的老板，一方面是因为我以前看过他的文章，他在这个领域还比较有名，粉丝也多，我在工作中很多方面也得益于他的帮助；另一方面就是我比较认同他的理念。在那里工作给我的感觉就是自己的兴趣爱好居然还能够得到别人的认可，我第一次有这样的认同感——有一天我竟然真的成了时尚编辑，特别神奇！

然而，这份工作我只干到了第二年的 3 月，很多朋友知道我没有继续从事编辑的工作还挺惊讶的。他们觉得我喜欢这份工作，而且在公司干得还不错，很难相信我会这么快辞职。

之所以选择辞职，是因为我在工作过程中产生了一些疑问：比如我经营公众号需要面对用户，很多时候我就不得不去迎合用户，写一些我认为没有意义的东西。而让我觉得最有成就感的则是我自己写的一些关于时装品牌、服装发展的历史，以及什么品牌是怎样改变了现代女性的穿衣方式等内容……

众所周知，香奈儿是个奢侈品的品牌，它的创始人改变了现代女性穿衣打扮的观念。20 世纪初，女性的着装一直受到束缚，衣服都是由一些非常金贵的材料制作的，以体现这些女性的身份与价值。但从香奈儿服饰的设计中，人们看到了一种变革。后来，女性的打扮变得越来越轻便，以方便其行动。所以那个时候，我就特别希望把这样的品牌或有着这样理念的故事呈现给读者。

除此以外，我还会写一些关于穿搭的文章，还有“种草”[①]各种东西的文章，就是给读者推荐一些好看的衣服、裤子。最后我发现，点击率最高的永远都是什么牌子在打折一类的文章！用户更加关心他们能买到什么东西，或者说什么商品便宜又实惠，很少有人关心究竟是谁改变了现代女性穿衣打扮的风格……

慢慢地，我感觉大家就是这样，他们也没有必要去了解究竟是什么样的人改变或塑造了当代女性！我很可能进入了一个瓶颈，虽然我写的很多文章都受到了老板的认可，但我自己总觉得特别不自在，或许是年轻人的虚荣心膨胀，我还想去更大的时尚平台发展。之后，3 月我又不得不准备论文，时间也比较紧，于是，我在公司留下了最后一篇文章，就离开了。

而后，我找到了一家时尚杂志去做服装助理。杂志社的编辑事前联系了我，告诉我工作地点在北京郊外的一个影棚，还要试妆。当时我还不知道服装助理是干什么的，就觉得自己要去更大的平台了，结果发现就是打杂！因为公司特别远，早上 7 点到的话，我四五点就得出发，我大概要坐两小时的地铁，一到公司就得开始干活儿。我的工作也不复杂，第一项任务就是把要用的一麻袋鞋按照码数排整齐，方便拍摄的时候拿用，刚开始感觉还行，可后来我就不觉得这份工作有趣了。

拍摄途中少了一个试装的模特，我又比较高挑，还被临时拉过去过了把瘾。

我开始很兴奋，那些衣服和鞋子都是很漂亮但我买不起的那种，穿着特别

---

① “种草”：网络流行语，泛指把好的东西推荐给他人，类似的词语有“安利”。

好看,后来我就一直换,不停地换,我整个人已经麻木了,穿了也就那样。鞋子也不一定有适合的,有时候我 39 码的脚硬要塞进 37 码的鞋里面,非常难受,而且搭配用的耳饰什么的也得频繁更换,最后耳朵都红了。那天我就这样一直当时装模特,凌晨 1 点多才结束拍摄,我心里想:终于可以走了!结果还得是我们负责把片场收拾干净,衣服什么的全部要寄回原处,那些杂七杂八的活儿干完都接近凌晨 2 点了,我根本没法回学校,只好就去了朋友家休息。

相当于我从早上 6 点工作到凌晨 2 点,一天下来整个人已经垮了,强度太大了,受不了,第二天起来我就很不舒服,有点生病的迹象。那次之后,我突然就有一种被打醒的感觉:自己的梦想破灭了,不知道为什么,我体会到了生活原本就很现实。

我觉得我是一个会想很多的人,在时尚杂志社工作,我看到那些奢侈品毫无生命力地摆在那里,而我却为了它们拼了命地工作,这有什么意义?我有没有为这个社会创造价值?我还不如在公众号里写写文章,或许还能对读者有用。

我觉得我没有为任何人创造价值!

在影棚里的工作,让我看到一些我认为是消费主义的东西,杂志费尽心思鼓吹女性买买买,让她们用化妆品、衣服等来武装自己。我觉得自己的信仰倒了,不知道接下来要干嘛。

四、缘分?机遇?——华丽的转行

我回到自己小学的母校为毕业论文取材,现在想想,我已经很多年没有回去过了。走在校园里,我感觉如沐春风一般,心情愉悦,我还见了以前教过我的老师们。

那个场合,我是非常“emotional”,很情绪化的,就感觉那个状态真的很好。当时我就想,如果我是老师,将来有一天学生回来看我,那我得多开心啊!再加上那时我又刚好看了一部电视剧《最好的我们》,故事展现了一些高中学生的青春岁月,让我想起了以前自己读书时候的一些事情。现在回想起来,那会儿学生之间的情感非常真挚,我心里就盘算着,要不我回去当老师得了!

我好像突然就这么决定了——当老师!

我还在图书馆写论文的时候,就给以前教过我的中学老师打了电话,本来三四月份早已过了教师招聘的时间,但班主任给我争取到了一个难得的面试机会。老实说,我以前都没怎么讲过课,再加上对教学没什么兴趣,我要怎么应对面试中的试讲呢?

大学校园网里面刚好有"名师讲堂"的资源,我就从语文教材里随便挑了一篇自己喜欢的文章,照着视频不断地练习,老师怎么讲我就怎么学,达到几乎能背下来的程度了。我心里想的是该准备的都准备了,面试不上就算了,我还可以去找其他工作。再说老妈已经为我准备好了在北京租房的钱,可以说找工作对我来说没有什么压力。

轮到我抽签试讲的时候,偏偏我抽中的就是自己准备过的那篇文章,当时我整个人都愣住了。以前我从来没有修过汉语言文学的课程,也没正儿八经地给别人上过课,最后反而过了试讲留了下来。我心想:难道我命中注定就要去学校工作吗?

让我觉得最黑暗、最难过的一段时间,就是刚当上老师那会儿,可能我自己也没有理顺心态,再加上职场复杂的人际关系,我感觉单位里没有能和自己谈得来的人。

我觉得我没那么喜欢当老师,而且我又特别讨厌考试、讨厌做题,我不想浪费时间去教学生怎么应对考试。我也不愿意为钱做事儿,好好的假期,我本可以学一些技能,或者去读书、写文章,真没必要去揪着学生补课。

所以,我现在的职业和我憧憬的东西还有距离。在那个毕业的暑假,我就在怀疑自己当初的选择:当老师对我来说究竟是不是正确的。我成天趴在电脑前找招聘信息，但我知道自己已经走不掉了，我的内心非常煎熬、焦虑，还有些许的不安。

工作后，我每周回家都会大哭一场，总觉得自己在做一些压根儿不喜欢的事情。我把大把的时间浪费在了与家长的沟通上，还有学校里杂七杂八的破事儿上，我就在想自己怎么会变成这样——为了钱做自己不喜欢的事儿。但我又非常无奈，没办法，像我这么大的人了，还是需要经济独立的。

我在朋友圈里发过一个人去东京旅游的随笔。因为那时候我心情不好，平常在学校的工作中，我身边也没有那种学生时代的知己，没有跟我谈得来的人，我觉得一个人特别的孤独，所以就见了几个要好的朋友，散散心。我跟我爸说过我的烦恼，他就怼我说："这个世界上怎么可能会有跟你一样的人？"

后来，我慢慢体会到不同的人有着他们各自不同的生活方式。在旁人看来，生活可能就是买房啊、装修啊、生孩子啊……但这些对我来说毫无意义。房子，家里有住的就行，况且我也不需要那么多钱。工作中，我也体会到，对于一个人来说，物质的需求远没有我们想象得那么大。但是经过媒体渲染后，消费主义盛行，搞得好像人们在生活中不光需要这个，还需要那个。媒体一直在鼓动人们消费，仔细想想，其实我们并不需要那么多东西。

工作以后，我面临巨大的挑战。第一个学期，我的精神状态就不太好，非常消极怠惰，下午没课的时候我就回寝室睡觉，不知道怎么了，每天就像行尸走肉一样。而且我还不能认同自己是一名老师这个身份。每当别人问我是做什么的，我说我是当老师的，他们就会发出各种赞叹，说当老师好，以后孩子上学就不愁了……那种羡慕，还有说话的语气，都让我无法接受。我又不是图这个才当老师的，这些人根本就不了解我，后来我也懒得解释，反正我就做自己想做的。

本质上，我还是比较向往冒险，喜欢新奇的事物。从上班的第一天，我就有了辞职的打算。

五、工作的不易

慢慢地，我发现这个工作和我想的还真不一样。

最初跟着初二老师实习的时候我还挺开心的：听听课，做一些笔记，学生们也喜欢我。现在我教语文，但我不是科班出身的，很多时候我会私下里自学，看一些文学的书，坚持写写文章，相信我的业务水平应该会有所提高。等我做了班主任以后，就要操各种心，还真有点不适应，后来我也是在工作中慢慢地锻炼了自己的耐心。

刚参加工作，我就觉得很多事情是毫无意义的。比如学校开会，会议内容就是一些很简单的工作对接，但必须走个形式，星期天晚上学校会把所有班主任老师叫过去开会，真的没什么意义。

有一次领导找我谈话，说我早自习时经常去吃早饭。事实上，我们每周语文和英语的早自习是交叉进行的，我会在两个班来回走动，和我搭班的是一个有经验的老教师，她让我先去吃，她顾得过来。可能有一次我去吃早饭被领导看到了，就变成了我"经常去吃早饭"。还有就是成绩，我说每个班的生源本来就不一样，但领导就会跟我说我这么想不对，我应该……我觉得领导自己也很清楚是怎么回事儿，明明就是事实，生源有差异怎么可能带出来的学生成绩一样好，明面上领导就不让说。我觉得在学校非常莫名其妙，好像大家都在说假话，大家都在赞成别人说的，连假话都是对的，特别形式主义。就像互联网的"996"一样，不管你工作有没有做完，你必须留在那儿，这又有什么意义？就像在学生时代，老师看到学生玩儿就不高兴，因为老师觉得学生不努力；领导也是，你心情好，打扮得漂漂亮亮，他就认为你工作上不用心。我就是不能接受这种流于形式的东西，感觉自己被束缚、被强制了。我们毕竟教的是学生，老师面对学生，无形中给他们树立一个说假话、做事浮夸的"榜样"，想想我就觉得难受。

最让我感到难过的就是我不得不假装成一个严厉的老师。

因为我的一个学生背课文的事,我曾经号啕大哭过。他没有很好地把课文背下来,我就凶他:“那背不下来就给我抄一百遍!”很可能这个孩子学习习惯不是很好,不知道如何学习,但我没有多想,突然就火冒三丈说了那样的话。小家伙当场就哭了,我看到了他绝望又无助的眼神,那一刻我好像变成了曾经自己特别厌恶的那种老师,反过头来,我居然也会做同样的事儿。

工作中,心情好的时候,我会跟他们说:“你们现在的成绩并不是生命的全部,你们还要去发现自己的优势……”可当学生成绩不好的时候,我却说:“你要是成绩不好,去不了好的高中,这辈子可就完了!”

真的很难想象,这种话居然是从我嘴里说出来的!一方面,我们崇尚西方教育的理念,努力把孩子培养成一个全面的人;另一方面,我们又没办法摆脱高考这种制度。我打心底里不认同现在的应试教育,但眼看着这一切,我却无能为力。

我带的班成绩不那么好,这和生源有关。我承认,如果学生们能在自己原有的基础上进步成长,那就是件好事。现在的制度就是拿一把尺子去衡量所有的孩子,一些孩子的成就感无从获取,永远都处在“低人一等”的情绪中。对此我既感到无奈,也为他们惋惜。

后来,我在工作中渐渐发现,孩子们是能够意识到一个老师是不是真诚的。他们年纪不大,或许没那么懂事,但作为老师,你要跟他们说心里话,他们才会把真心话告诉你,彼此的距离才会变得更近,师生关系也会得到改善。可以说,这是我当老师以后才学到的东西。

记得有一次,我没有做好年级主任交代给我的任务,于是我就和几个特别要好的朋友吐槽,没想到他们非常不留情面地指出了我的不足,说:“这件事儿确实是你没有做好,没什么好狡辩的。”

我打电话给朋友,哭着说自己很怕,天天看着办公室里那些工作了很久的

“老人”,不想自己变得和他们一样,这样的人生根本不是我想要的。好像他们的现在就是我的未来,一切都是注定的……

我想辞职的念头打一开始就没断过,工作上遇到的瓶颈,还有我做事特别不靠谱的毛病加在一起,导致我要直面自己内心的恐惧和不安,的确需要时间。

慢慢地,我不再逃避这个现实,就算我直接撒手不干了,也是可以的,可我总不能像现在这样,不负责任地“撂挑子”吧!一走了之肯定不好。我想,以后万一我真的要走,起码也得先做好自己的本职工作,得让人念着我的好才是。

课余的时候,我会找以前带过我的老师取取经,让她给我提一些有效的建议。半年以后,也就是我工作后的第二学期,我的工作状态才慢慢地好起来,班级管理的工作也顺了,我和孩子们建立了一种更加深层的情感联系。不知道下学期我还能不能带他们,至少现在我不会觉得孩子们离了我不行,对他们来说或许新老师会更好。说实话我已经不那么在意这些了,毕竟自己已经有了一点儿经验,还可以应付眼下的工作,而且我也应该学会接受现实了。即使我和孩子们分别了,也不意味着今后就再也不联系了。

所以,我在当老师的过程中,也在不停地修正自己。在学校这个大环境中,我难免会受到一些人的影响,甚至连我自己也不敢相信自己会说出各种违心的话来。这让我觉得自己特别不真实,难以独善其身。我不禁会想,坚持最初的信念,不受周围人和环境的影响真的很难吗?

但我相信自己是可以做到的!

六、迎接下一个挑战

我觉得,钱是要赚的,但我不想为了赚钱变成一个不能做自己的人!

穿衣打扮对一个女性来说还是相当重要的。学校规定老师不能穿长度在膝盖以上的裤子,但我看有人穿,那我也就穿呗!我看到那些复杂的规定要把老师塑造成一副死板的、平面的、不食人间烟火的形象。可老师是人,学生也是人,这份工作是人与人的沟通,需要真诚!

大学期间,我也读了很多教育学的书,书中就提到安全感对学生来说相当重要,但我们的教育很难带给学生需要的安全感。他们恐惧考试,更恐惧考试成绩不好带来的后果,学生不能在一个让他们安心的环境里成长,这的确是教育的缺陷。

或许,我做老师这条路也没有选错。做老师这段时间对我来说也是一个非常好的过渡时期——你要“骑驴找马”,首先自己得骑在驴身上啊!我会在这个过渡阶段不断地思考一些值得思考的问题。当下的生活让我体验到的是学校里很多老师都不去思考,他们总是选择服从。但我又想了想,这也许和他们要背负的生活的担子太重有关,比如房贷的压力、孩子上学、家庭关系等。他们或许根本没有时间去思考,也没有机会去做自己想做的事情,始终都处在迫不得已的状态。

学生也是,很多时候他们都依赖一些外部的东西,比如考试,他们通过参加考试来获得成就感。所以我认为一个人自信很重要,自信的人就不会盲目,他们有真正接纳自己的勇气。人还是要接纳最真实的自己,肯定当下并对未来有清晰的把握,相信自己会慢慢变好而不是被迫生存……

很多时候,我们很难发现自己有能够掌控未来的能力。每个人都可以决定自己的前途,无论朝着哪个方向努力,都能享受整个过程带来的乐趣。但我们身边的大多数人却不敢跳出自己的舒适区,会因为变化而担惊受怕。这种焦虑是每个人在成长过程中都会遇到的,而这也反映出一个人不相信自己有改变现状的能力这一事实。

我现在就非常享受当老师的生活,有空的时候,我会和几个好朋友聊聊天,彼此分享一下生活感触。我不再像以前一样到处瞎玩儿,反倒是开启了一种新的生活方式。工作之余我会写写文章,有时我会静下心来思考一些问题,可以说我是成熟了一些吧！

现在很多人都很关注时尚，我之前追求时尚是源于它对人的改变，时尚能帮助一个人建立自信，经过装扮的人会更美丽。后来有一段时间，我又很排斥这些，觉得浓妆的感觉特别不真实，仿佛是在刻意迎合大众的审美，搞出一套虚假的影像。就像美白一样，谁说女孩子一定要白才好看！时尚这个东西，它就是表达了自己的一种生活态度。生活中，人应当怎么舒服就怎么来，毕竟穿衣服不是为了哗众取宠。

后来，我才意识到自己喜欢的其实不是时尚穿搭，而是享受它带给我的精神层面的东西。包括我自己写的文章，也都是在表达我这个人对于人生的一种态度、一些看法，完全就是自我的“长城”，是毫无保留的完全真实的心声的吐露。朋友圈里还有人给我写评论，他们说能从我的文章里获得一种力量，这是对我的肯定。读者能理解我的想法，让我觉得自己还能闪闪发光，不那么孤独，让我觉得自己做的是非常有意义的事，说不定以后我还可能读一个与文学相关的硕士呢！

其实我觉得，人与人之间的沟通不单单只有一种方式，也不一定非要通过某种特定的社会组织来实现。太死板了反而不好，我就喜欢变来变去的，我是一个很情绪化的人，一旦想到什么就会着手去做，就像当老师这事儿一样。

慢慢地，我觉得成长是一件好事，就像做减法一样。比如当你刚开始化妆，会忍不住买各种各样的东西，这个想要，那个也想要，后来慢慢就会扔掉一些不那么重要的东西，那时你才会对自己有清晰的认识，才会意识到自己究竟需要什么。

现在，我认为一个人一辈子能做好一件事儿就已经很了不起了！

我就特别欣赏日本那种匠人精神，匠人们用一辈子就做好了一件事情，这就够了。因为，这对他们来说是有意义、有价值的。我也很希望自己能像他们一样，找到自己愿意倾注一生要做好的事儿，也许它不赚钱，也许它不一定招人喜欢，但我会觉得心满意足。

目前，当老师对我来说这是一个很正确的选择，这个选择至少没有违背自己内心的一些想法。

社会上的很多工作，总会让人不由自主地编织出一些花里胡哨、违背本意的话，说实话我并不认同那些为人处世的套路。冷静思考以后，我就觉得做老师是我当下最好的选择，当老师能让我一边工作，一边探索自己到底要什么。我也会在工作中积极锻炼自己，积蓄破茧的力量，绝对不能“温水煮青蛙”，在工作中迷失自我。

中国的学生很多都是被逼迫着学这学那，有些人可能一辈子也不会想着要去找寻自我。

我自己也是大学毕业以后才真正开始思考：我到底喜欢什么？我要做点什么？

以前我不喜欢写作文，但要求职应试，我就不得不完成这项任务。现在我有时间思考，偶尔写写东西，就会觉得神清气爽，这和我以前对待写作的态度完全不同。假期，我会到处走一走、看一看，丰富自己的生活，而当我知道自己要干什么的时候，人生目标就清晰多了！

琪琪：化妆——成长的道具

访谈及整理者/刘奇

一、在同侪中触动观念

读书时，坐在我前排的姑娘是我们班第一个化妆的人。她在谢师宴那天化了一个比较浓的妆，不知道她有什么意图，是不太会化，还是想吸引别人的注意力之类的，但我当时的感觉是她真的跟以前不一样了，成熟了。因为18

岁是个尴尬的年纪,说成年也成年了,但是18岁的你真的有成为大人的感觉吗?不一定有。但当我看到那个女生时,我有一种她成熟了的感觉。

上大学的时候,我根本不化妆,我甚至没有消费的概念。我把从家里出来上大学看作一种“独立”,不仅要在生活上独立,还要在经济上独立。父母教育我18岁以后就不可以与他们同住,母亲说:“我宁愿让你在同一个小区买房子,也不会让你和我一起住。”所以考上大学之后,我渐渐不再向家里要钱,生活便有些拮据。大三之前,我都不怎么买衣服,更不用提化妆了,我一直都不怎么关注脸,也不用护肤品。后来,我参加了一些动漫、古风群体的活动,正巧当时我学了新媒体专业,便帮他们做一些事,赚了一点钱。之后我开始实习了,才慢慢地攒了些钱。我买了好看的衣服,开始有了修饰脸的念头。但大学期间我始终没有化过妆。

那时,我认为化妆必须有一个特定的场合,比如学生会开会、开师门会、逛街。但是,上课时好像大家都不怎么化妆。因此,那时看到化妆的同学,我觉得她们是要去干“正事儿”——上课之外的事儿了,可能是约会这种比较重要的事情。而且,在我看来,社交活动少的人都不怎么化妆,因为我原来的朋友就是那样的。在我身边,只有那些非常开朗、能左右逢源的,五天中有三天赴约的人化妆。但是,五天中有四天都在寝室的人就不会化妆了。当你在做别的事情时,比如结交新朋友,或者要在学生会、校团委有一官半职,就需要通过化妆来塑造一个体面的形象。

我刚上硕士的时候,觉得我的舍友都是第二种人——熟了之后她们可以很开朗。但在比如晚餐会这样的社交场合,她们不一定能收获一大群朋友,成为目光焦点。可是不久我便发现她们也化妆,这让我的观念开始发生动摇。我尝试去买口红,却手足无措,我不知道自己适合什么颜色。当时的男售货员问我:“你到底想不想买?”这个问题让我受到了些触动,我意识到改变是需要勇气的。

二、在“冲击”中初尝化妆

硕士一年级的寒假，我开始化妆了。那时我和几个同学去日本旅行了10天。出发前，我们在机场逛日上免税店，同行的一个小伙伴打开了手机备忘录，一样一样地买东西，一个二三十厘米长、十六七厘米高的购物筐被她放满了。我问她怎么会有这么多东西要买，她说是之前看“小红书”等App时记下了清单，日上免税店又是化妆品相对便宜的地方，于是就买了。原来买化妆品和做学术一样，要做很多功课，而且种类繁杂。我从没想过一个人可以这么精细化地处理自己的脸。

到了日本，这种“冲击”仍然在继续。当时同行的两个姑娘在当地店里买了两大袋化妆品，都是很简单、很基础的化妆品，一件大概只卖1000日元(约合人民币60元)，她们俩一个买了将近20万日元、一个买了将近10万日元的化妆品。她们先在一家店里买了很多化妆品以后，又去另外一个店里买了睫毛膏。此前，她们还在一家店里给妈妈买了很多化妆品，我也想给妈妈买，就让她们继续逛，我和另外一个认识路的朋友返回了前一家店。我当时还有点惭愧，因为我猜她们只想买一很少的东西，担心她们等我们太久，于是我买完迅速跑回去找她们，却看到她们又拿了一购物筐的东西。有一个人大概买了七八支在我眼里是同样形状的东西。

到东京的第六天，我被朋友强行化妆。因为她实在看不下去我来东京只带了一个20寸的行李箱，当中装了10天的冬装和鞋子。她则两天换一套衣服。我们出发时行李限重25公斤，她带了22公斤左右的东西，我却只带了七八公斤的东西。她很着急，“恨铁不成钢”地要给我化妆，好让我知道化与不化是两种不一样的状态。她给我化了一半脸，我发现自己真的不一样了，变得更有精神了。于是，在去另外一个城市的路上，我开始做功课，准备买化妆品。

三、在反思中化妆

在我自己开始化妆之前，我看别人化妆，觉得那是为别人而化。但自己化了妆以后，我开始觉得我是在为自己而化。

起初，我在特定场合才化妆，比如去见一个新的朋友、做访谈、做展示，因为我不想让别人看到我真实的样子。虽然妆很淡，但是我觉得自己可以躲在妆容之后——像戴了面具一样。一开始我是把“赤裸裸”的脸暴露在他人面前，但是化妆之后，我意识到自己在表演，化妆把我分成了本来的“我”和另外一个“我”，化妆后的我做着在那个场合该做的事情。哪怕是我不愿意做的事，卸了妆就都结束了。化妆渐渐变成了我的一种训练方式，即使以后我不化妆也知道要如何扮演自己了。化妆只是一个助力，不是说化妆改变了我，而是我在改变的过程中遇到了化妆。化妆让我可以有一个特别明显的状态变化，我开始扮成不同的样子，我原来很多时候都是一个样子。

化妆之后，我也渐渐理解了一些化妆的女生的心态。上大学时，我有一个“铁三角”：我、一个女生和一个男生。有天晚上，我们仨出去玩，我先去那个女生的宿舍找她，我看着她涂完化妆品以后问：“你涂了吗？”那姑娘开玩笑道：“你瞎了吗？”但是我们和那个男生见面后，他也问了一句：“你化妆了吗？”结果她就“炸”了，我看她忍住了怒意，说：“大黄啊，你以后不能对其他女生这么说。”那时候我还没开始化妆，没有太多的感受。现在我也会遇到类似的情况。那天，我跟一个男生在路上骑车，我们停下等另一个男生的时候，这个男生凑到我面前说：“你化妆啦！哈哈哈哈。”直到那时我才理解了之前那个女同学的感受。我给了他相同的建议：“我们熟的话你这样说也就算了，而且我不跟你谈对象，你遇到其他女生且有好感的时候，建议你不要这么说。”那会儿我说不上来是什么感觉，我现在叙述这件事的时候，没有什么感觉，但那时我觉得他很没礼貌。化妆对我来说不是故意给谁看的，我可能希望别人看到我好的状态,但不希望他把看出我化妆了这件事说出来。

时至今日,我依然不大愿意把时间放在化妆上。化妆无法让一个人改变太多,人与人相处不只看脸,还会看他的言谈举止、身体语言等。与其展现容颜,不如展现自己想展现的性格。对我来说,化妆是让我与外界分隔的方式、是我恢复内心秩序的方式。我害怕引人注目,但却必须要面对别人,于是我把自己认为可以公开向外人展示的部分主动抽离出来供人观赏评论。因为我想保护自己,所以我化妆。

小 结

本章案例中的几位女大学生,都在各自的成长过程中表现出了强烈的性别意识,她们结合自己的生活经验认同并接受了一些女性主义的思想。尽管这些女孩真实地感受到了社会对女性的不公、偏见甚至是赤裸裸的性别歧视,但她们在日常生活中表现得却没有那么激进。在别人眼里,她们就是标准的"好学生",自尊自信、勤奋踏实,对自己有着很高的期望并一直在不断地提升和超越自我。只是在关于性别的讨论中,她们会表现出自己新一代精英女性的批判意识,她们对女性身份、女性发展等问题非常关注。她们的母亲、祖母曾经历过"妇女能顶半边天"的时代,具有比较强的独立意识,这些人对这代女孩是有着深远影响的。作为独生子女一代,她们在早期成长过程中获得了来自长辈充分的关照,也赶上了社会发展带来的各种机会。

以格格为例,在她的早期成长经验中,其性别意识其实很微弱。这可能是因为在她的家庭生活中,姥姥、妈妈都是非常优秀与独立的女性榜样,加上在她的早期求学环境中也没有特别明显的性别差异状况。也许初中手工课上男女分工的安排是让她印象深刻的"不公平"现象。但总体来说,在格格的生活中,优秀女性的榜样始终在发挥作用,并不会让她看到女性处于弱势地位的现象。

上了大学之后，格格从身边的同龄女孩身上感受到了她所不熟悉的“女性气质”。掌握性别理论的她，非常清楚这种“女性气质”是社会对女性的形塑。从心底里，她也不认为自己跟“她们”是一样的。但是身边的现象让她感受到了性别资本作为社会资本的收益。格格的性别意识受到了书籍的影响，如她很推崇《第二性》，除此之外还和她做交换生有一定的关系，这段经历一定程度上使她获得了启发。

在故事的后半部分，我们看到了格格的改变，如她开始认同“化妆是一种生活态度”这种观点，化妆会让自己变得更加自信。但这是否体现了她逐步被多元复杂的性别意识影响后对传统的回归？她依然在自己的生活中实践着一套似乎有着些许矛盾的性别展演，那么这种自主性究竟是一种外部观念内化的结果，还是对社会传统力量的妥协？

我们在格格的故事里可以看到，她是一个不断思考、有主见的女生，要称呼她为“青年女性主义者”可能不那么恰当，但她的确认同了自己是一个女性主义者的立场。

而之华的性别观念对她自己来说更加清晰。最早让她感受到性别差异的，或许是儿时她与堂哥被区别化对待，还有母亲的忠告，告诉她要通过好好学习来证明自己作为女孩的价值……在性别压力之下，她生活的环境充斥着来自家庭、代际的张力与冲突。

在之华的成长过程中，我们发现一些关乎女性生存的议题会不断地浮现在她的脑海中，她反复思考、咀嚼这些问题，最后形成了自己明确的观点。在她看来，仿佛任何一丝妥协都是她不能接受的。如果说格格对抗的是那些跟她不一样的“女孩儿”，那么之华对抗的则是社会中的一些强势男性，以及她家庭中的父权控制。她看到了母亲在家庭中的不利处境，便试图让母亲觉醒，不依附于“他者”，而尝试后的失败也促使她更进一步思考女性应该如何找寻自我。之华不仅反思了女性的困境,也思考了男性受到的束缚,她对传统性别结构的质疑以及随之而来的困惑,深扎在她的内心之中。之华思考了很多实践层面上女性应该做到的事情,但精神层面的思考,究竟能不能指引她找到自己想要走的路,还要她在生活中不断地摸索前行。

艾力叙述的是一个关于找寻的故事,其实每个人都在不断找寻。对于女性来说,找寻就更多了一些复杂的意味。因为在世俗的眼光中,女性最重要的还是婚恋和家庭,即所谓的“干得好不如嫁得好”,但是追求发展的女性会把“自我”看得很重。

在艾力身上,自我意识尤为强烈。从赴美交换,感受异国文化的冲击,到尝试涉足时尚、自媒体等行业,她一直在寻找自己的价值,她很独特,也走出了充满个人风格的道路。但故事陡然一转,特立独行的她突然选择回到家乡当起了一名语文老师。然而向她这样向往自由和独立的年轻女性并不会就此向生活妥协,生活中她依然能够发现令她珍惜的瞬间,我们可以看到她的内心始终有一团火焰一般的力量在促使她前行。她的选择有时候是经过深思熟虑的,有时候只是头脑一热,但每一种选择以及接下来的人生道路,都会帮助她更好地认识自我,找到自己想要的东西。这就是艾力的故事。

琪琪就读于国内重点大学,成绩优异,她对社会生活中的性别展演有着比较细腻的洞察和感知。上大学后,她渐渐开始花心思在化妆上并获得了一些不一样的体验。而伴随着对化妆理解的逐步深入,她的自我意识也有所增强,她利用化妆适度地展示自己,但她并没有因此过度关注对外在自我的打造。从琪琪的身上,我们不仅能看到社会对个体、对女性的塑造,也能从中看到作为精英的她们因势利导,将部分自我公开化。这是一种反抗,也是一种和解。

总的来看,格格的故事讲述了女孩在学校生活中觉醒的性别意识;之华的性别意识则源于自己的家庭经验;艾力则是在寻觅自我的过程中形成了她的女性自主意识。这几位女大学生的故事让我们看到了有这样一批女性，她们不是一味地接受来自外部的社会性别观念，而是在自己各自的成长过程中逐渐形成了具有女性主义特点的平等意识。作为精英女性，她们关注自己的发展，质疑生活中的性别不平等问题，但她们都将在未来的生活中，面对更加真实复杂的社会性别环境，而她们的坚持将对社会性别观念的变革产生积极的作用。因为，她们背后具有性别平等意识的年轻人越来越多。她们是在中国快速变革的过程中成长起来的新一代女性，其主体性相对而言表现得更加强烈。未来，我们究竟应该如何定义这群具有独立自主意识并挑战传统性别观念的女大学生，或许还需要历史的证明和检验。

第四章 我的情感我做主

自古以来,情感就是一个永恒的话题,它对年轻人尤其重要。大学阶段是女性形成自己相对稳定的婚恋价值观的重要时期。在此之前,她们也许已或多或少体验过一些朦胧的情感,早期的情感经验在她们的成长过程中也留下了一些痕迹,甚至令她们产生过一些困惑。在所谓的花季,女大学生有怎样的情感诉求?她们对婚恋的认知和期待是怎样的?

一项经济学研究发现,随着越来越多的女性获得接受高等教育的机会,她们结婚的概率显著下降且下降幅度越来越大(吴要武、刘倩,2015)。可见,高校扩招背景下,女性面对更大的婚恋压力,所谓"剩女"的话题就是在这样的背景下产生的。一项对女博士的访谈研究指出,社会对高学历女性的标签化以及婚姻市场对她们的挤压,影响了她们的择偶观(程雯,2019)。另一项研究也发现,女博士的婚恋期待更加多元,除了传统的婚恋选择,还有一些高知女性并没有像传统文化所期待的那般为了婚姻牺牲事业,婚姻对她们而言可能是"锦上添花",但如果要她们因婚恋而牺牲事业,她们宁可成为"单身贵族"(伍麟、刘天元,2019)。这些研究虽然是针对一些女博士开展的,但是一定程度上折射了当代知识女性在婚恋和事业发展上面对的两难选择,以及社会性别偏见在女性发展中的影响。

从家庭的角度看，近年来，“剩女”话题也使得父母对女儿的婚恋问题更加焦虑，但实际上当下年轻人的选择却更为多元。婚恋情感中，女性往往是审美的对象，社会上也流传着“干得好不如嫁得好”的传统价值观念。然而在独生子女居多的社会背景下，很多青年女性更加追求自我发展，希望实现自我价值，多种观念在她们身上交织碰撞，这些观念既有传统的一面，又有超越传统的新趋势。

从女性主义角度看，私人领域的情感也有很强的社会性，某种意义上说，存在一种性别化的情感关系。现代女性独立自主，但是在情感关系中却又期待无微不至的关怀，而且影视作品也在无形中放大了这种情感互动模式。这其实是性别不平等对男女双方的压迫，因为婚姻市场中年龄、相貌等自然属性成为一种资本，是世俗化女性的一种体现。随着互联网的发展，两性间的交往的确变得更加便利，交往的可能性似乎变多了，电话、微信、QQ等都搭建了两性交往的平台，减少了来自沟通的壁垒约束。然而，这却没有如我们想象的那样拉近了彼此间的距离，走进对方的情感世界真的没有那么简单。大众传媒及时地提供了一些替代性的情感满足：流行文化充斥在我们的日常生活当中。很多时候，大众传媒都定位于女性，其中就包含了一些性的暗示、欲望的投射，等等，女性在消费男性的过程中，也使自己的情感得到宣泄，这些流行文化一定程度上消解了女性在现实中与异性交往的可能，使她们沉浸于自己的情感世界。

情感也是复杂的，在我们的文化中，它是不便言说，不能拿来示人的。尤其作为女性，往往谈情色变，人们对女性的情感还是怀揣几分戒备，可以说女性受到了世俗的压抑。回看青春期的懵懂，情感交织的旋涡将我们卷入其中，一些女孩表现出自卑、无助，遇到问题不知应该如何处理，这方面她们还缺乏相关的指导和教育。

明乐:恋爱、成长与超越

访谈及整理者/刘舒丹

一、一个“大家都认识”的成长环境

我的家就是一个典型的核心家庭,爸爸、妈妈,还有我。我妈妈学历不高,但她对我的教育还挺上心的。我上小学的时候她就给我买《论语》《道德经》这样的书看,周末还会送我到书店看看,虽然她不怎么懂,但是她知道这的确有用,她觉得让我尽情地在书店待个半天也没关系。我妈总会说,你不能浪费时间,得抓紧时间干点儿有意义、有价值的事情。我想,这很可能就是我日后焦虑的来源之一,因为我从小就被这么督促。我爸爸当然也很重视我的学习。一次他下班回来在奶奶家吃饭,回家路上一直在出题考我,回了家也不放过我,可我虽然学了乘法,却怎么也不明白其中的意思。那段时间我每天胆战心惊的,还悄悄地把感受写在了日记中,乘法让我产生了巨大的心理阴影。其实后来想想我也没必要自己给自己那么大压力,再年长几岁我自然而然就会了。

我家住在河南,但其实我家人都是东北人。新中国成立以来,因为国家建设的需要,有很多兵工厂迁往内地,我们家也就跟着工厂从东北搬到了河南,住在离市里半个多小时车程的镇上。所以,事实上我家里人都是东北人,爷爷奶奶也一起来了河南,不过没有和我们住在一起罢了。

整个厂里就像现在的小区一样,周围住的都是东北人,相互之间也差不多都认识,什么消息都逃不出大人的掌控。比如谁家小孩学习好不好,慢慢大家都知道了,谁也藏不住。而且有些家长特别在意自己孩子的学习,一直就比来比去的。有一次我和我妈在路上碰见一个阿姨,她上来就跟我妈说:“你们乐乐学习真好……”我就觉得这样好无聊,让人很不舒服。

我小时候没有上过幼儿园，妈妈总会把我送到一个退休老师家里，让我和那儿的几个孩子一起玩儿，由老师照顾我们，老师还会顺便教我们看看书写写字什么的。

上了小学，在这种“大家都认识”的环境下，我也非常听话，每天上完课会按时完成作业。但我总感觉小学里的一些女生很有心计，会欺负那些和她们同样学习好的女孩。我就感觉自己有点被孤立，这拨人今天孤立我，明天又会拉拢我，搞得我晕头转向。到了五年级的时候，我们家在市里买了房，我就离开厂里的子弟小学，转到了市里的小学。

二、突如其来的“跳级”

刚上初中，我课外学习的时候乖乖学习，该玩儿的时候好好玩儿，还会看课外书、画画、练琴，过得很有“节奏”，算是一种比较自洽的状态吧！我不像有的孩子那样很快就全身心扑在学习上，但我爸妈总说：你要在学习上下功夫，不要看闲书。

初中的前一年半，我自己也没有什么压力，学习也没太努力就考得不错。学校当时也在搞改革，学杜郎口模式，教室四周都挂上了白板，老师上课也不讲，把我们分成小组，大家就在板上写题，还会花很多时间讨论，挺有意思的。

初二的时候，学习之余我也会背着家长打游戏，但我的学习成绩还不错。总考我们班第一，排名也和重点班差不多，所以就算我翘掉培优班的课，骑车去书店看书也没关系。

后来班里多了好几个留级的学生，我觉得班级气氛一下子就变了，我实在跟不上他们的节奏。而且一些女生居然开始恋爱了。后来我的语文老师，也就是我们班主任，提议让我提前一年参加中考，别被环境干扰。我也就这样跳级到楼下那个班，加了张桌子坐了进去。在初三的班上，大家并不知道我是什么来历，就觉得我莫名其妙搬了张桌子就坐在那儿开始和别人一起学习了。

这对我肯定是有压力的，好多课我还没学过，而且我爸妈对我的期待也很高……

就这样，我有空就在家自学，然后跟着他们复习。我爸还时不时地给我讲讲物理，他老是让我记住就行，可我都不明白怎么回事，所以特别烦。他脾气也特别暴躁，有点恨铁不成钢的感觉。慢慢地我就不愿意多问了。

第一次模拟考试后，我考得特别糟糕，我爸说你回去原来的班吧，我说不行，我都到这个班了，我要坚持下去。二模之后我就开始进入自学模式，不会就问别人，因为如果跟他们一起复习的话，估计就来不及了。

三、性别意识的萌发

说到我开始有性别意识，那应该是我在初中的时候，班上好像有男生喜欢我来着……

一开始我和那个男生是同桌，老师可能觉得我俩坐一起太吵，于是就把我同桌调到别的座位上了。在那之后，他心里非常难受，还专门给我写了封信，说跟我做同桌特别开心……接着，我俩开始以书信的方式交流，聊聊什么是朋友，什么是友谊，什么是《庄子》里说的那个“道”……

他从小就练草书，擅长书法，还经常练《兰亭序》，我就觉得他写的字很潇洒。有一次他给我写信，非要来个文言文的，不过现在我觉得那会儿的我们“好装”，特别逗。说实话我还蛮喜欢他的。后来，他换到和别的女生坐在一起，我还会嫉妒，好像占有欲特别强似的。

我爸妈对我中考的期待很高，我自己也不例外。他们俩就想着我能考到省实验中学，可惜后来我也没考上，只是进了市里的重点学校。上了高中，我觉得自己终于远离了那个对我来说没什么感情的班，一瞬间有种长大了几岁的感觉。毕业的时候我也没有刻意多交几个朋友或者跟谁发展友谊，我好像特别喜欢沉浸在自己的世界里，享受这份快乐……

四、高中的"小"生活

一上高中,我就当了班长,由于班上多达七八十人,再加上刚开学谁都不认识谁,压力还是挺大的。但是我觉得自己当了班长之后,和同学相处起来就跟普通朋友不太一样,我不知道该以什么姿态和他们相处,总感觉在班里不是那么自然,就好像戴着面具一样,一年以后我就果断卸任了。

我高一的同桌真是我最早见过的文艺青年。他高中那会儿就会读普鲁斯特的书,比如《追忆似水年华》,还会听一些披头士和民谣之类的歌,特别酷!我觉得他很聪明,也很文艺。其他同学做题的时候,他就塞着耳机看《南方周末》,哪知人家成绩还挺好,并没有因为这些爱好耽误正事儿。我们俩那时候也常常写小纸条交流,围绕梦想、诗歌之类的话题,我们聊得非常投入,当然,他也很愿意跟我聊这些。有一次我还特意写小纸条说我挺嫉妒他的,因为我觉得他的生活这么潇洒,成绩还比我好……说实话,我特别羡慕他当时的生活状态。高一还没有分科的时候我成绩还行,但也没有特别突出。可他就不一样了,他在班上有几个好朋友,也没有担任什么职务,风轻云淡的,这简直就是我最羡慕的理想化状态。

后来,包括他听的摇滚乐、他看的电影、他读的尼采的作品,等等,都影响了我之后的发展,他真的好厉害啊!

等到高二分科的时候,我就选了文科,也是因为考虑到自己学文科可能更有优势吧。我还自学了点儿关于解梦和催眠的东西。高三有一次我在班里演讲,就对着全班同学讲催眠,大家都笑我。因为我当时说得很"鸡汤",我说你们要热爱这个世界,你们要很努力,然后就会有不错的成绩……

说到人际关系,我还是喜欢活在自己的世界里,看书、写小说,也不是非要和谁交个朋友什么的。班上有个人气还不错的小群体,这个小群体里的成员和别的同学关系都很要好。有可能我在人家眼中有些清高,但是我觉得反正我有以前的初中、小学的朋友,在班上有没有朋友无所谓,所以还是我行我素的。反倒是上了高三后,我和那个小群体的人玩得很好,莫名其妙,我就加入了他们的小团体。

我妈真是对我的学习挺上心的。高中的时候我总惦记着回家看看,只要学校管得不那么严,我就每个月请一次病假,中午晚上都出去,这样我就可以回家吃饭了。有时候我妈会做好饭给我送过来。我们俩还经常互相写信,我妈会把信藏在家里的某个地方,然后我找到了再回信给妈妈。我的妈妈无条件地把爱给了我,我非常感谢她的无私付出。

高考之后,我和爸妈一起在家选专业,憋了两三天,依然没有定下来。他们非常在意这个,在家里抱着那本厚厚的志愿填报书仔细研究,他们想让我学经济、工商管理之类的专业。我看着他们认真的样子,又有些反感,因为我总觉得这是我自己的事情,为什么他们比我还要上心,因为我很明显地意识到自己不想被他们控制。话又说回来,我也没有刻意坚持说选这个或选那个专业,可能还是因为我当时对这些没有什么概念。如果要问我说我喜欢学什么,我可能会说喜欢心理学。但我后来想想,我又觉得文科生学心理学找工作会非常受限制,最后在和父母的商议下,我选了文学、管理类的专业。从这件事上我就意识到,只要谁用非常强势或者是控制欲很强的态度来对待我,我就觉得特别反感。

五、初上大学的不安与情感的波动

当我被文学类专业录取之后,大一大二期间,我总是处在一种不满的状态,或许是对学校又或者是对自己的专业不满。我总是不能很好地融入校园生活,于是我就加入了各种各样的社团,参加了不少校内外组织的活动,为的是不让自己太过封闭。在我看来大家都比较浮躁,每天过得很"high",所以我就刻意回避很多聚会,我总觉得每一次社交都是一种消耗,还不如让我一个人待着看看剧舒服。

专业课上,我一直觉得没学到我想要学的东西,这跟我想象当中的文学不一样。现在回过头看,我学的大多是和语言学相关的东西,这些知识虽然很有用,但我还是更愿意听到一些文学里那些非常感性的部分,可是大学课程就像听高中语文课一样,没什么吸引力。最后我发现还是我自己有问题:我总是在跟自己较劲,我对生活有各种不满。但我又能做些什么?现在的我翻翻自己大学时候写的日记,内容大同小异,字里行间充斥着焦虑、担心。一方面我觉得自己还有很多事情要做,另一方面我又好像停滞在那里无法抽离。我自己没有去努力付出,自然是一无所获,根本达不到我想要的目标。

后来我和高中的一个男生谈恋爱,当时正好是世界杯期间,我俩每天都熬夜看比赛,我有不懂的就问他,他也很有耐心地给我讲,我特别崇拜他。我和他一起去旅行,在厦门过了我的 18 岁生日,这也算是一次放飞自我的契机吧。

然后我就计划出去旅行,走遍全国。但其实我也没有去过很多地方。

我的状态更多是一种无意识的反抗,我想逃离那个环境,不想待在学校里,想换一种生活方式,包括参加各种活动。所以我觉得我做的事情好像一方面是让自己尽量融入学校,融入北京这个环境,另外一方面我又想抽离出来。其实现在仔细回想,旅行这种事情还蛮幼稚的,自己非要去穷游,不好好待在学校里,老师上课会突然点名,我不在就很尴尬。但当时我觉得我好歹做了一件还比较“酷”的事儿。我不知道年轻人会不会把旅行当作一件很“酷”的事情,可能这个阶段的人需要用一种形式出走,无论是对知识的需求也好,或者说是一种表面上的行走也好,其实是跟内心对抗的过程,可能我们也在寻觅一些东西。

我和那个男朋友的相处过程其实还挺开心的,是喜欢程度还蛮深的那种。我们在一起会让我有很多情绪,不管是吵架或是遇到很开心的事,都会激化那些感觉。我以前觉得自己是一个没什么活力的人,内心沉闷,只是表面和大家相处得很融洽罢了。可是，跟他在一起以后，一方面是我自己有意地唤醒了自己，另外一方面是因为跟他在一起的关系，我慢慢地进入了一个自己觉得很愉快、很有活力，甚至是像一个青春期的小孩那样的状态。我读过的一本书的作者就曾经形容过青春期的自己沉默得像一个老年人，当他过了那个该叛逆的阶段以后，心里那些青春的火焰又重新燃起来了。我就觉得这简直跟我一模一样。

但往往激烈的情绪，又或是深刻的感情，是不能持久的。

他后来去了台湾做交换生，每天都会给我分享自己遇到的点点滴滴，但后来好像因为一些政治上的问题，我们两个有了分歧，就分手了。现在想想还挺幼稚的，但当时我觉得特别严重，这个事儿过不去了！

在那之后，我每天都会读一些亲密关系类的图书，越看越觉得自己不会谈恋爱。因为我做的跟书里面写的那些相处之道完全不同，几乎是反着来的。失恋也让我很难受，但我没有跟朋友讲多少，就是自己哭一哭，或者是找点事情做，比如出去吃吃饭、写个日记啥的，好像我在屏蔽难过的情绪，不会刻意去说我需要疗伤。但其实跟他分手我用了很长的时间才走出来，难过程度还比较深，只是我当时不表现出来而已。我可能对周围的环境没有足够的信任，而且我觉得说出来有点矫情。

跟周围的人互动沟通，建立良好的关系固然很好，但我希望不要跟他们有太多的交际，希望他们不要突破界限，进入我的空间。我觉得一个人独处还蛮重要的。大学的时候，我就会有意选择尽量多的时间独处，比如后来的旅行，我觉得就算没有男朋友陪伴也不错，自己旅行的时候也特别开心。可能周围的朋友知道你的旅行计划就想和你搭伙一起去，但我又不想别人跟着。

反正我就是很矛盾，因为我既希望有很多人能够接近我、了解我，大家都能喜欢我，但我又希望别人不要黏我黏得太紧……

六、多元的大学氛围

现在回想起来,我在上大学的时候过得还挺艰难的,虽然感觉好像没发生什么特别的事情,但是自己的内心戏却很多。

要说我在学校的生活,我觉得跟别人没什么太大的区别,再普通不过了,毕竟在学校里,我也不是那个最光鲜亮丽的。但我还是很庆幸能在学校碰到一些少数群体。大学的氛围还算比较包容,这种氛围在我以前镇上的中学里是不那么容易见到的,再加上同学之间还会相互调侃,整体氛围就非常自然。大家对各种现象的接受度还是很高的。

或许你会觉得我所在的大学校风浮躁,在这里读书不能让我在学术上积累多少,但是大学对一个人的气质或者说价值观念会产生潜移默化的影响。和我上研究生的学校相比,本科的学校有汉服社、推理社,什么都有!没事儿的时候我可以拍个片、演个剧。大三那会儿我还当过话剧导演,除了给演员讲戏,自己还能上台表演一下,还是有足够的空间施展拳脚的。像我这样对未来没什么想法,也不是非常热衷于社交的人,就刚好可以在大学期间进行很多尝试,积累经验。

七、大学期间和父母冲突的加剧

大学期间我和父母的冲突还不少呢。

他们可能不知道我出去玩的事,但我妈的直觉很准,每次我在外面的时候她就会打电话过来,我要么不接,要么就是很淡定地说我在地铁上。

每年回家,我自己还没有意识到自己有多大变化,但我妈觉得我跟以前那个乖乖的我不一样了,变得有点反叛。妈妈说我上大学之后就很少跟她深入地聊天了,她觉得特别悲伤。后来读研的时候我们俩也吵过,她又说打电话的时候都不知道跟你聊些什么。她很敏感,她发觉自从我上大学以后,我俩的关系就发生了一些变化，出现了好多问题。

我和我妈矛盾冲突最激烈的就是我考完研去印尼当志愿者的那次，我妈死活不同意我去，说我做这个没有意义。“在国内当志愿者不好吗？就算去山区也行，没必要跑那么远的地方。”再加上看了航班失事的新闻，她就更担心我了。

我妈一直觉得我把精力浪费在了一些没有用的事上。其实，我读大学期间也做过一些志愿活动，她也没说什么，但我出国做志愿者这件事她是真的担心，或许她想表达这个意思，但说出来就全是反对的意见了。

我跟我爸聊的也不多，他讲话比较强势，还有一大串道理，我也不爱听，所以我的态度也不好。平常都是我妈接我的电话，怕我和他吵起来，我觉得还不如偶尔发个短信、微信什么的方便。我爸尤其关注我的恋爱问题，有一次他在家跟我妈说他有一种失落感，可能他觉得在整个家庭中，自己没有发挥足够大的影响，没起什么作用，但他不会在我面前表达这些情绪。我一直不知道自己该找一个怎样的男朋友，因为他总会挑剔，始终不满意，但我又不知道他在挑什么，我无法很好地跟他沟通。

说来说去，他们对我的不满可能是我大学的时候不是一个“学霸”，成绩也不好，所以当我后来提出要考研的时候，他们都特别支持，说我终于知道要好好学习了。

八、跨考成为心理学专业的研究生

我因为高中的时候就对心理学比较感兴趣，就考了心理学的研究生。我觉得之前的专业实在是无聊，教的内容又跟自己想的不一样，所以还不如学一个中立一点或是偏理科一点的专业。

当我看统计测量、实验设计专业相关书籍的时候，就觉得特别兴奋，这些书从一种理性的角度出发，有理有据，和我以前接触的东西完全不同，我就觉得很不错。其实文学或文化研究的东西也是很有根据的，但之前可能因为课程设置得乱七八糟的，培养目标也不明确，让我觉得学的都是一些没有根据的学科，所以没有意识到文学的内在价值。

我报了辅导班，开始学习心理学，我觉得还挺简单。一开始我想考北大，但看了招生简章后，我发现这个专业竟然是非全日制招生，于是，我就想第一年投机碰碰运气，考一所师范大学的心理学，说不定会简单一点。

我和辅导班的老师说了自己的想法，他很反对，问我是不是想好了，因为我连书都还没看过。我就说看就看呗，接着老师就给我寄来两箱书，每一本都厚得吓人，然后我就每天去泡图书馆，但直到考完试我也没有看完这些书。在考研班上我还认识了一个直到现在关系都特别好的女生，她比我大几岁，毕业之后就去了国企工作。我们还时不时会出来见面聊天，觉得她很像是我的精神伴侣。我难受了就会去找她，一些不会跟其他人讲的心里话我都会跟她讲。

后来，我考研没过，差了六分，刚好够专业线，但总分没有过，但庆幸的是我天天看英文教材，知识积累得还不错，英语考了接近 80 分。那时候我刚好在印尼，给家里打电话时我真的是哭到不行。我知道所有的付出并不都会带来好的结果，但其实我心里总觉得自己考研应该没问题的。我现在觉得那个时候是我学习心理学知识的巅峰，读研之后学的都是一些细碎的东西，没有整体的把握。说实话，我也没有觉得自己非常努力，但是我就会有种理想化的念头，有点想不劳而获吧。

后来我幸运地接到现在导师的电话，她说她缺一个学硕，然后我就去复试，当时我觉得做学硕这个结果可以接受，因为我的想法很简单，也没奢望一个名校的光环或者跟一个厉害的导师，能入个门就挺好的。直到现在，我还是很满意当初的选择，在咨询方面可以用到我的专业知识，我比较能接受这个安排。

我学了心理学之后更多感受到的是不适应，我发现这个专业跟我想的不一样。我以为可以每天跟着老师学点成体系的咨询知识，或者是管理咨询的知识,但其实都没有,我主要是学一些更高级的统计类的知识。实际上我们花了一年的时间去学那些统计分析技术,还不如到写论文的时候边用边学,一下子就都掌握了。所以我写完论文就开始反思,我觉得当时那些上课学的东西意义不大。研究生阶段我的生活主要就是看文献,然后做汇报。因为我们做量化的东西比较少,各种理论学习得比较多,所以上其他课程的时候,我发现别的实验室量化研究做得很厉害,我就会出现看不懂、听不懂的情况。

不过学了心理学以后,我更加重视探索自我了。在心理系里你很难找到既关注佛学、文化、心灵这些东西,同时自己又是做咨询的人。不少心理学专业的同学都在实验室里工作,要不然是在杀小白鼠,要不然是在研究脑科学,要不然就是在研究各种变量、行为。本身应用心理学这个领域相对来说就不是那么前沿。在应用层面,一些跟自我有关的、思想层面上的、形而上的研究更是少之又少。这也是我自己进了这个专业之后才发现的:人家并没有搞哲学或者是人本的东西,我们缺乏对这方面的关注。学生们的思考通常非常简单直白,比如,我们会认为如果研究发现乐观跟自信显著相关,那就表明二者之间有关联。所以后来我发现读心理学的论文非常容易,它看起来很复杂,但是套路很规整。我不知道是不是因为这种关系,还是科学因果式的东西会带给人安全感。当这个研究设计非常确定时,那就没有什么需要深入思考的了,只要设计好实验方案,然后去做就行了,得到的结果是什么样就是什么样,不用自己发挥太多。

研二的时候我到学校的咨询中心实习,我怀有很大的热情。我现在想做咨询的坚定程度远没有当时那么深。我的方向不是咨询类专业,而是人力资源管理。我的老师自己能做心理治疗,但是她没把我们往这个方向带,学心理治疗相关知识都是我们自主选择的。研一的时候我申请去学校的咨询中心实习,我想当实习咨询师,但一般实习生只能做助理,因为我们缺乏这方面的训练。第一次接待来访者的时候,尽管我心理紧张得要命,但从表面看不出什么。老师说我之前虽然没做过咨询,但是感觉还挺稳的,有灵性。

未来会不会继续往咨询方向走,我其实也很纠结。我跟一些有经验的从业者聊过,他们并不建议一个刚毕业的年轻人直接去做咨询,而是认为我可以先做一些相关的工作,就是说我可以先找个工作干着,自己去完成这个社会化的过程,然后有时间的时候把它当做一个乐趣去做就行。

不过我自己暂时还会期待能继续朝着咨询方向走下去,几年之后说不定这个想法也会变。像我那个朋友,她原来很坚定地说自己只能干咨询,但她后来觉得做教育方面的工作也可以。而且人总是会变的,比如我自己就对人类学、戏剧、艺术治疗等感兴趣,以后也说不准会做什么。

关于未来,我希望能有一种对自己的笃定感,因为我现在明显感到内心到处都是那些情绪的碎片,还有冲突的痕迹。我始终觉得自己和这个世界相处得不太融洽,我需要通过做一些事情不断地社会化,以完善自我。

对于未来,我还是挺乐观的,我不觉得我要受年龄或者性别身份的束缚,或者再过几年要考虑成家买房子这些问题,我不太有这些概念,我以后在哪儿都不是特别要紧。重要的是,我希望自己能建立更完善的知识体系,拓展自己对世界的认知范畴,达到一个让我更满意的思想高度。对现在的我来说,未知的东西太多了,很多事情都难以明晰。

武舒:"我的少女时代"

访谈及整理者/黄瑞妮

一、爱情之于我

"对于你来说,爱情意味着什么?"

"初高中的时候没有谈过恋爱,你遗憾吗?"

最近有人如是问我。我很喜欢第一个问题，对我来说，对爱情的认识是阶段性的。对于把爱置于幻想中的我来说，爱可能是依附吧，是把我自己全身心寄托在别人身上，我身上流着“从一而终”“专一”的血液，这种信念来自我的故乡，也来自我的亲长。20多岁的我，在本科学习将近结束的时候才有了初恋。对经历了两段恋爱的我而言，爱情不是因为有了另一个人而更加圆满，而是我能通过对方认识到自己是一个什么样的人。爱情令我的人格更加健全、更加饱满，我甚至可以通过爱情去修复我的原生家庭和成长过程中的缺憾，通过爱情来认识自身的问题，然后借由这种良性的交互关系，修补自己，有所成长，最后成为一个更好的自己。

关于第二个问题，我还是挺庆幸自己上大学之前没有谈过恋爱的，我这个人性格中还是有很理性的部分，但是有时候我很容易感性，会不管不顾、不计后果地去做某些事情。如果在青春期我尝试过爱情的滋味，觉得它真是太美好了，或者太吸引我了，那我会把非常多的精力投入恋爱当中，一定会影响学习。对于我而言，初高中的学习很重要，是打基础的过程。在这个阶段我自身建构了一套扎实的知识体系与系统，这个系统不仅仅是我们所说的应试教育的那一套，还是一个基本的理性建构的过程。它让现在的我更加成熟，让我无论是在新的领域，还是在面对两性关系的时候都能更加成熟地处理，我有自己的一套思维模式。要说遗憾，也并非全然没有，回过头看看，在海边城市的生活过程中，曾有很多男孩子走入我的心，又渐渐淡出。

我叫武舒，一个希望自己更加温暖也更有力量的女孩。

二、与苏西的朦胧

遥远的中国南方，临近东海，坐落着一座美丽的南方城市。当你下了飞机踏上这片土地，能够立马感受到扑面而来的湿润，空气和我小时候记忆里的一样，甜甜的、滑腻腻的。我的家位于郊区的小村落中，这里是那种闽地家族聚居式的村庄,充满乡土气息。我童年就读的村小学里,同学们都姓苏,大家都是亲戚或邻里。学校里的信息往来和附近村子的流言蜚语一样,传播得异常迅速,一年级发生点什么事,六年级的哥哥姐姐们不用到第二天就能知晓。我是武舒,眼睛圆溜溜的,从小个子就小小的,长期坐在教室的第一排。

在我的记忆中,有那么一个男孩子,我和他还确实有那么点朦胧暧昧的味道。这应该算我的情感萌芽吗?那种感觉对于当时的我来说,是一种比较新奇的体验,是一种对于人与人的关系的再认知,是从父母、兄弟姐妹、朋友层面到更进一步的另外一种关系的探索。苏西是我一个远房弟弟的同班同学(同姓,非亲戚),比我还小一岁,那年我12岁,上六年级,他上五年级。苏西是个挺帅的小男孩,人长得白白净净的,很清秀。他是他们班的班长,优等生,很有才华,也比较爱开玩笑。

那时候,我常和弟弟他们那一拨人玩。小时候流行养蚕,大家就一起去摘桑叶。男孩们喜欢打扑克牌,我就跟他们一起玩扑克。因为大家都比较好玩儿,也都比较能放得开。我们还一起组队演了个小品。小时候的我对于登台表演没有什么概念,也没不太顾及面子,就觉得这件事情好玩儿,大家自由畅想,上台也都是临场发挥,很是刺激、新奇。这么一来二去,久而久之,大伙儿也就熟络了起来。直到有一天,小伙伴里面有人传我跟其中的某个同学产生了暧昧。那个人就是苏西。他人很幽默,在文艺活动中也表现得很活跃,恰恰我也是这样的人,就自然而然地被他这种特质吸引了,我在他身上能找到很多自己的影子,还有那种我想成为的人的样子。当然,他吸引我的一个不可排除的重要原因是他的外貌。再加上我俩相处的时间和机会也多,于是我们之间似乎产生了一些化学反应。后来我们之间的互动和"不一样"也被大家看了出来,我们两个之间有了不一样的情感,慢慢地我俩开始经常单独约出来见面,有点儿像小小的约会。

小时候大家还比较单纯,我们两个人就是约出来散步,聊一些有的没的的问题。直到有一次，我俩也算是闹出了点动静。那是一个月色很美的晚上，我跟苏西在村子里散步，漫无边际地聊着彼此的兴趣爱好，为的是更好地了解对方。很奇怪的是，我在这个让我产生了一点儿异样情愫的男生面前还聊到了我“暗恋”的数学老师。我的小学数学老师是一个刚毕业的青年，身上有种道不明的气质，为我讲解数学题的时候很耐心，也很温柔。老师时不时还有点小小的羞涩，可能是因为他刚毕业，身上还带点青涩，让我觉得很亲切，很吸引人。我跟苏西说，我一上那个数学老师的课就会莫名兴奋，下课去找数学老师问问题也会有小小的紧张，会想多创造一些机会跟这个老师接触。神奇的是苏西挺开放的，他不会评判我的小心思是不是不为世俗所接受或者是否出人意料，他是个优秀的倾听者，就静静地听着，接受真实的我。我俩一晚上聊得很是畅快，有来有往。他甚至也将他追求过其他女生的事情告诉了我，那是我一个关系挺好的学妹。我们就非常开放地聊着，我对他喜欢的女生的样子也充满了好奇。我们两个人之间有异性间的相互吸引，现在想起来，无论怎么描述那样的感觉应该也脱不开“喜欢”两个字。我和他在一起有时候会紧张，也会渴求一点肢体上的接触，想和他牵牵手。我们这么聊着、逛着，也就到了大概夜里十一二点，对于小学生来说这是非常晚的时间了。苏西的父母非常焦急，发动了自己的亲戚朋友骑着摩托车全村找他，最后他们在路上找到了我们俩，把我们拦了下来。他的父母看到是我们俩，也没说什么难听的话，只说了太晚了让我也赶紧回家，恰好他们找到我们的地方，就在我家门口的路上，我妈妈站在门口目睹了发生的一切，回到家她也没有指责我，只轻轻地说了句：和男孩子要保持距离啊。

我们家是做生意的，家庭教育很开放，我也是那种很活泛的人，但我特别遵守有些来自爸爸妈妈的准则，他们说坚决不能做的事，我就一点都不去碰，包括妈妈在家门口对我说的要与男孩子保持距离。小时候我对父母的管教的感觉不是束缚感，而是觉得我父母说的就是对的，我就会听，比如爸爸妈妈不让我去 KTV,我就在高三毕业之后才第一次踏进 KTV。但同时他们也会给我灌输一些思想,类似从一而终什么的。虽然我和苏西的关系还达不到那个层面,但是已有的喜欢的感觉告诉我这可能会发展成更进一步的关系,所以从一开始无论是彼此"暧昧"或者是加深了解,我只跟他互动,在这个过程中我自动屏蔽掉了其他人,包括另外一个暗恋我的小男生。我会和苏西表现得更亲密些,其他人就知道我已经心有所属了,我也不希望他们把心思花在我身上。

那一次的约会更像是一场"幽会",被大人们逮住以后,他的妈妈让他专心学习,和我减少来往。小时候我一直照顾弟弟,所以很多时候别人都夸我像个小大人一样:"你能照顾好弟弟啊,学习生活都安排得很好。"我就向着别人夸奖我的那个方向成长。妈妈的话还是要听的,慢慢地,我们俩渐行渐远,随着我毕业,两个人也就散了。

三、对性的初认知

小学的时候我们班里还没有流行言情小说,我对于情爱的初认识来自租住在我家里的广东人,还有台湾的偶像剧。因为家里生意上的往来,有一群广东人会定期在生意繁忙的时候在我们家住上一段时间,他们是爸爸生意上的合作伙伴。我们家是独栋的房子,有三四层楼,每到生意繁忙的时候,广东来的生意人会住在其中一层,他们住的那一层有个客厅,里面放着家里唯一的电视。这群广东人里有那么一两个人会看色情影片,并且会光明正大地在我们家电视大屏幕上播放。我和弟弟当时还是半大不小的孩子,对于电视那是相当热衷的。他们看电视的时候我和弟弟在家里走来走去,时不时就凑上去看一看。几个叔叔完全不避着小孩子,我们也就跟着看了起来。当时我的想法倒是很简单,觉得这是奇奇怪怪的东西,觉得看这个东西好恶心啊,之后我才恍然大悟,觉得情侣之间可能会做这个事情。还有就是《放羊的星星》和其他的台湾电视剧。厦门临着台湾,卫星电视也都能收到台湾的信号,小时候的我们大概是第一批看到台湾偶像剧的大陆人了。偶像剧里情侣感情发展的路线是怎么样的,我几乎也是全盘掌握了。

还有一个小小的插曲,在我小学五年级的时候,我哥哥的好哥们儿喜欢我,几乎我身边所有的人都知道,包括哥哥班上的同学、我的好朋友们。但是他从来都没有在我面前直接表达过心意,但是有那么一次,我到哥哥家玩,我们在房间里玩的时候一大帮同学起哄,他直接把我放倒在床上,趴在了我身上,那姿势多多少少带着点性暗示,我当时特别懵,不知道发生了什么。当然那个男孩子也只是做了这样的姿势,没有下一步的动作。结果第二天我就成了风波中心的人物,哥哥班上的男男女女都知道了,奇怪的是我也不排斥,还挺享受被人讨论的感觉。不过小学的这点绯闻没有两天就消散干净, 被下一个故事取代了。

在别人的印象里,我是看着文文弱弱其实风风火火的一个人,留着长长的头发,白白净净,当时身边确实不乏喜欢我的人。在村小学那样的环境里,学校对于恋爱这件事讳莫如深,但在孩子们中间就不一样了。我身边也有人开始尝试恋爱。我常常告诉自己恋爱是两个人当面确凿地用“男女朋友”来定义彼此的关系,那么如果我接受了男女朋友的说法,我自然而然地就会接受男女朋友间的行为:名正言顺地约会,肆无忌惮地牵手、亲吻、拥抱。我和苏西暧昧关系的无疾而终,和哥哥同学的绯闻,最终都没有发展为我想象中的甜甜的恋爱。

四、中学里没有“意难平”

我特别喜欢我初中就读的学校,学校在小镇一隅。我们班是英语特色班,都是成绩相对优秀的同学进了这个班,老师很好,同学也很好,很积极,也很正能量。跟他们接触后我发现自己跟他们差距还挺大的,可是我一直是属于胆子比较大的那类人,哪怕同学很优秀,我很笨拙,我也会勇敢地表现跟表达自己。因为表现欲很强,后来我就做了副班长。我想着这好歹是个官呀,于是自己多少有了点“事业心”,班里大大小小的事情我都要张罗,还要把学习搞好。初中的我是个“假小子”,头发剪得超短,像个小男生,我跟男生和女生都处得像兄弟一样。当大家进入青春期都在骚动的时候,我一点感觉都没有,可能有那么一两个毛头小子让我有些许好感,但是要说喜欢,真的谈不上。

如果说有那么一个人让我想靠近的话,那应该是我的同桌。同桌是个小美女,我对她非常感兴趣,老是想制造更多跟她相处的机会,我觉得这个女孩跟我以前接触到的所有女孩都不一样:很有才华,学习好,各方面的才艺很棒,人长得漂亮,还很可爱。我就觉得她怎么能这么完美!我的同桌还有点儿高傲,虽然她平时跟大家嘻嘻哈哈的,但其实让人很有距离感,大家都觉得她像女王一样。别看平时我这个同桌是个才女加美女,但是她要是不开心了会直截了当地表达,十分真实。谁触犯了她的利益,她会当场在班级里发飙,所有人都战战兢兢的。同桌的个子小小的,跟我一起坐第一排,但是气场特别强。我只要有机会就想跟她在一起,我很渴求进步,想向她学习。如果同桌跟其他女生关系好一点,把我晾一边,我就会吃醋。下课的时候她要是跟谁去厕所了,没有跟我一起去,我就很失落,同时会在心里想着:是不是我不够好、不够优秀,所以她不跟我去厕所。作为一个才貌双全的小姑娘,她和我讨论的更多是关于学习、兴趣爱好和一些有意思的事情,她的心思不在男生身上。因为受她影响很大,我对男生也没有什么特殊的兴趣。

我之所以“意难平”是由于被班里其他同学营造出来的气氛。有个小男孩确实不错,身着白衣,十分清爽,运动能力也强,但是我对于他的在意更多是源于我不喜欢他爱慕的女孩。莉莉(化名)是那种身材高挑皮肤又白的美女,如果她只是当一个安静的美女,我会很喜欢她,就像喜欢我同桌一样。虽然我同桌不是淑女,但她不会到处去撩拨男生。莉莉就有点仗着自己的美丽,刻意和很多男孩营造一种若即若离的感觉。大概也是嫉妒心理作祟,我很讨厌她,觉得她是不安分和不规矩的,甚至有点败坏班风。如果说她做过更坏的事情,就是她会挑拨女生之间的关系,尤其是她伤害到了和我关系最好的女生。在男生面前的楚楚可怜和在女孩面前的伪饰、善用自己的美丽的同时还要保有与她的美丽不相符的单纯,这些表现都让我更讨厌她了。不过我毕竟是有"权势"的人,她也不敢招惹作为副班长的我。

年级长跟老师也会把控早恋的事情,但不是那么严苛,特别是我上的是国际学校,校风相对开放。而且我们特色班有一个特别开放的英语老师一直鼓励我们说:"人啊,最重要的是开心,想谈恋爱就去谈。爱美之心人皆有之,觉得校服特别土特别丑,那你们可以穿得花里胡哨,可以化妆,老师无所谓,你们觉得美就好,你愿意追求什么都是可以理解的,只要你们开心就好。"在英语特色班,谈恋爱不是一件需要避讳的事情,甚至可以说是很平常的事。可是实际上真正谈恋爱的人也很少,大家更多关注的还是学习。当恋爱就摆在那里,你随时想谈都可以谈的时候,大家的欲求反而不那么强了。特色班的老师都比较"势利眼",谁学习好就会很明显地偏心谁。我们班的竞争就是一场没有硝烟的厮杀。在这种竞争机制之下,学习与利益直接挂钩,你学习好了,老师就很疼你,多方面的资源都倾向你,你的自我满足感跟成就感也会特别强。大家都在积极地学习着,5 点起来听广播、读英语,刷牙的时候也听广播,生怕自己有一秒钟没有好好地利用起来,根本无暇顾及谈恋爱这种事情。

五、和老师有关的故事

高一的时候,我感觉学习渐渐有压力了,当时我进了全校最好的班级,班上有一个男生外号叫王子,王子英语超级好,偏偏英语成绩最佳是我认为应该戴在我头上的一顶王冠,结果被他生生地摘下来,戴到了他头上。他的英语是那种让人难以望其项背的水平,因为差距太大,我都无法嫉妒,只能佩服。有一次课堂上,老师让大家谈论喜欢的人,我就傻傻愣愣站起来发言,很直接地在全班同学面前说我特别喜欢王子，大家一听就骚动了起来，后来我其实补充了我的观点：我觉得他英语特别好特别厉害。当时我表达出来的那种喜欢是我特别崇拜他，但是大家压根儿不听，直接起哄。王子估计第一次遇到这么直接的女生，脸上也挂不住，从那以后就有点避着我，不想让我缠上他，尽量不跟我有什么交集。直到分班前，他对我都是退避三舍。虽然我对他也不是那种喜欢，但他当时对我的那种态度就让我有一点委屈、纠结。其实这一直是我的心病。现在听到他的消息，我心里就有一瞬间会不舒服。前些日子听说他跟我们班的小姑娘领证的消息，我突然间就感觉心里咯噔了一下，整个心拧巴成了一团。

高二分班之后我去了文科班，这个班的男女比例彻底失衡。我们班的男生一只手就数得过来，这些“歪瓜裂枣”们又弱又小，我怎么可能对他们产生兴趣呢。由于男生太少，我还是选择留短发，显得特别男孩子气，我心里总是觉得自己有责任撑起我们班的一片天，保护好这么多的女孩子。所以我在行为上就更加大大咧咧，那时走路脚都是外八字的，妈妈那段时间看到我都头疼。

文科班为数不多有男性魅力的应该是我的英语老师。他是我很喜欢的老师，我好像还有点暗恋他。他看起来比较温柔，内心却是一个愤怒的青年。由于我的英语成绩还不错，他对我比较温柔也比较宽容。那时隔壁班的英语课代表成绩起伏较大，但是和他私交特别好，就是像朋友一样。我就很羡慕他们这样的关系。英语老师在隔壁班的课代表面前就能放得开，会开玩笑，在我面前就不行，对我永远就像保护一个好学生一样，我对他也毕恭毕敬的。我心里想着老师你能不能不要对我这么温柔啊，你放开一点，我想和你当朋友。

后来，我对英语老师的这种感觉转移到了年级长那里。年级长是我高一的化学老师，和他熟络起来是因为我将他错认为村里的某人，两人都姓苏，所以年级长让我感觉非常亲切。可能是奇怪的磁场让我们气场相投，我觉得自己跟苏老师相处的时候没有毕恭毕敬的感觉，甚至有点儿没大没小。我有什么奇怪的想法都会跟他讲,比如我会说苏老师我今天不想上课了,晚自习我想睡觉。我在他面前从来不是一个好学生的形象,我该是什么样就什么样。他也从来不会责备我,他会说你想睡觉那就睡一会儿,他包容了我好几次这样“离经叛道”的行为,没有任何的指责。他总是笑嘻嘻的,看起来有点儿无奈,又隐隐透着一点对我的欣赏,摇摇头笑一笑就走开。到了高三冲刺阶段,即使是晚自习大家也都非常紧张,有一次周日晚上我正好从家里带了甘蔗,静悄悄地上晚自习,我就在教室后面啃甘蔗。当时我觉得我们班这群人好可怕,就像机器人一样,压抑地学习,是我很讨厌的。我很讨厌那种拼命学习,苦读书、死读书的人,坐在教室后面的我就像外星人看着地球人,他们像一个模子刻出来的人,走着一条相似的路。我心里想着我一定不要成为那样的人,所以就制造点声响出来,呼朋引伴地说着不学了。坐在教室后面的人一人一根甘蔗啃起来,啧啧有声。苏老师路过看到我们,什么也没说,走开了。我说不清和他说说笑笑的日子里他对我而言是老师、朋友或者其他什么角色,但他一定是那个让我在贫瘠、重复的日子里会笑着回忆起过去的人。

年纪越长,我对感情的意识越淡薄。高考的压力也好,别人对我的期待也好,让我不知所措又不可避免地身处其中。但是哪怕没有一个正式的开始和形式化的结束,我的寥寥数语和那些没有成形的故事都展现出一个叫武舒的我。我的青春期可以说乖的时候乖过,离经叛道的时候也叛逆过,遗憾说有也有,说没有也确实尚可。探索、挖掘、学习对于我的吸引力更大。而关于爱,很遗憾我没有及早尝试,真正地经历一遭。现在想想哪怕只有一段恋爱,肯定也会收获很多。

黎草："宅"在二次元世界的三维立体姑娘

访谈及整理者/马晗瑞

一、天生性格就很"宅"

我小的时候，爸爸工作很忙，所以从我有记忆开始，主要是妈妈负责带我。我妈妈是一个不善交际的人，属于那种朋友不多，不太爱出门，很宅的类型。妈妈爸爸都在国企工作，非常安稳，两个人也都比较重视对我的教育。因为我是家里的独生女，所以妈妈在我身上投注了不少精力。在我小时候，妈妈经常给我读童话故事，读完会让我给她复述，我觉得读书的时光还是蛮愉快的。还记得妈妈去逛商场，就会把我放在旁边的新华书店，然后一直逛到商场或书店下班才来接我。爸爸妈妈有一段时间在单位管理图书，我跟他们去单位也就耳濡目染，放在阅览室的图书我都会去翻翻看看，虽然才上小学不久，我就已经读过《人民文学》《收获》《十月》这样的专业文学杂志了。

我从小就不太喜欢和人交往，我上小学的时候，就已经到了班主任要帮我找朋友的程度。我是一个不想让别人看到我的那种人，我觉得这可能就是我天生的气质类型。有时我甚至想自己找个地方藏起来，我会找个储藏间、楼梯口或天台之类的地方，坐在那里看书，或是发呆，我就静静地坐在那边待着，并且非常享受。我那时候就觉得没有朋友没什么不行，我一个人也挺好的，为什么一定要给我找一个朋友。我觉得我还有点"社恐"[①]，我的性格本身就很"宅"，跟陌生人交往更多是表演，戴上面具，假装自己很开朗、很健谈，其实内心一点都不想说话，如果可以的话，我想全程保持沉默。

---

① 社恐：社交恐惧症，害怕自己在别人面前出洋相，害怕被别人观察，与人交往，甚至害怕在公共场所出现。

那个时候的我也有些“社会不适应”。小时候的我接受不了任何规则，比如上课了，我还在楼下玩泥巴，玩儿到上课结束，老师要去找我。小学高年级的时候，我和同学一起排练了一个很久的节目，但最后表演的时候我突然不想去了，就没去，我当时没觉得这件事有多严重，不过最后也搞得班主任很不高兴。从小学到高中，“集体”这个概念或者“集体观念”在我心里并没有那么明晰。而且我对课堂也没有什么记忆，虽然我在班里算是成绩很好的，但我觉得自己就没怎么听过课，我都不知道自己是怎么毕业的。我对小学课堂唯一的记忆就是我在课堂上的“臆想”——我的铅笔盒就是我的那些笔的城堡，这些笔像人一样，在做游戏。初中的时候，老师说“把你的作文念一念”，我会站起来之后一言不发，沉默到他无奈，最后主动来念我的作文为止，我想我那时候可能有大众发言障碍。从小到大，我都对老师的批评没有什么感觉，我不觉得这是什么要紧的事，可能我是一个处在规则外的人，对这些不太在意，没什么压力和焦虑感。

不过其实我身边的人都还是很好的，我也有很多特别开朗、玩儿得开的朋友，我们一起聊的东西还是很多的，尤其是女性朋友，她们经常会把我当成情感顾问。只是我这个人比较慢热，比较迟钝，可能要稍微久一点才能和人熟络，“宅”系的人就是这样的，比如我到一个新环境，可能会懵圈好几天，感觉自己弱小可怜又无助，但是我不会逃避，慢慢逼一逼自己就好了。我还是一直在努力融入大家、适应规则的，我现在越来越意识到如果大家都这样做的话，自己也应该这样做，只有这样才能在社会上找到自己的位置，达成自己的目标，我觉得自己是比较积极的“宅”。

但说实话，可能我并不是很想找到自己在社会中的位置，可能对于我来说，社会中的位置也没那么重要，我只是想认识自己，想通过在社会中找到自己的位置来认识自己，而社交只是其中的途径之一而已。而且说实在话，未来我也不是特别想接触非常“社会”的环境，我不想去做那种需要和各类人打交道的工作，即使我的学历、智商还可以，但我觉得我可能没办法胜任这种工作，我只有全程假装自己是另外一种人格才能做到，但这真的不适合我，我不想让自己活得很累、很痛苦。

二、二次元世界——我的精神世界

我是从小学四五年级的时候开始接触二次元的。那时候家里刚买了电脑，我就在电脑上玩类似摩尔庄园[①]这样的游戏，在游戏论坛里，我看到了网友推荐的一部叫作《零之使魔》[②]的动漫，这部动漫讲的是魔法学校里发生的故事，非常合小孩看，我当时就去视频网站上追这部剧，从此便进入了"二次元世界"。

到现在，我也一直在追动漫，对我来说，二次元世界是我的精神支柱。比如《排球少年》[③]，我看完四季之后，觉得整个人都得到了升华。每天早上看一集，我就觉得又有力量学习了。其中描绘的团队队员的训练过程、比赛配合、人物的拼搏精神和个性都给了我非常大的触动，给了我很强的正向影响。我也会习惯性地从一系列二次元作品中寻找我想要的精神，当我看到一个人非常努力地实现他的目标，仿佛自己也成长了。我也会在日常生活中，通过回想这些人物、情节来鼓励和激励自己。这和现实生活中我在精神层面上能获得的支持是不一样的，在现实中，父母、朋友的支持更多的是具体层面上的——父母会说他们会给我充足的金钱，做我的后盾，让我不要担心未来；朋友间更多的就是互相排忧解难，不过也基本停留在就事论事的层面。相比而言，二次元世界给我的精神激励作用是不可替代的。

---

① 摩尔庄园：由上海淘米网络科技有限公司开发的社区养成类网页游戏，以现实生活中的城市为背景，虚构了一个梦幻、美好的虚拟世界。

② 《零之使魔》：(ゼロの使い魔)是由日本轻小说家山口升原作、兔冢英志插画的轻小说改编的动漫。主要讲述了发生在异世界魔法学校的角色之间的故事。

③ 《排球少年》：由古馆春一于 2012 年在 *Jump* 连载的运动漫画改编，围绕少年排球比赛展开，偏向现实，"友情，努力，胜利"等情感要素在此动漫中多有渗透。

二次元世界的纸片人和真人偶像相比还有一个好处,就是它可以永远完美,而且你也可以一直按照你想要的方式来塑造这个形象,即便作者的创作呈现出了一种和你的倾向相反的模式,你也能意识到这是假的——就是想着作者在“发疯乱写”,然后继续以自己想要的方式来看待这个人物角色。但是真人偶像就不一样了,他们做了什么你不想看到的事情后,你其实是不能否认事实的。

有时候,当我给我的男朋友讲很多二次元的人物和故事时,他也会问我:“你觉得这些是真的吗? 对你有什么影响吗?”我就会跟他说,这些对我的影响是一种“卡塔西斯”。亚里士多德对柏拉图要把诗人赶出理想国的主张持反对意见,亚里士多德认为诗人给受众提供的情感是有益的,它激起了人们的悲悯、恐惧、共鸣,等等,在这个过程中人的情绪得到了宣泄、净化和升华,这就是卡塔西斯模式。人在生活中总是要产生情感的,那你就要找到一种寄托,一种情感的出口,二次元世界就是我的情感寄托和释放的出口。

不过有时候,二次元作品也会特别针对女性受众设定一些人物,其中非常经典的就是“男友向”的角色。当我频繁地和男朋友说起我喜爱的二次元世界的“男友”人物时,尤其是在我很认真地和他讲了半天的时候,他就会很无奈、很崩溃地说:“你知道他们其实是假的吧?”我当然不会痴迷到分不清二次元里“男友设定向的人物”和自己真正的男朋友,毕竟我是一个三维立体人,只不过是因为二次元里这些男友向的人物从外貌到性格满足了我的所有幻想。

我经常会花一两百块钱去买个二次元作品里的小公仔人偶,我觉得这个对我来说也是必要的,因为这种“纸片人”产品其实会让我的心情变得很好。人都需要一些非必需品的消费——有人喜欢出去旅游,可能花上个一两千块;我有些朋友喜欢喝酒,在酒吧单次消费就要一两百块;很多女生动不动就去买口红,基本一支就要两三百块,而且还买很多支。我不太常出去旅游,也更不像其他朋友那样喜欢出去喝酒,也不喜欢化妆、买衣服,所以给二次元的周边产品花一点钱,我觉得也是说得过去的。而且我在二次元漫画、动漫、小说的主题论坛里也遇到了一些有共同“二次元”话题的网友,有一些是我从初中开始就交到的朋友,到现在还有联系,也见过面。

小　结

当我们回看这些女大学生青春期的故事时会发现,不管是爱恋、性的懵懂,又或是基于其他途径的表达,都是每一个女性在自己的成长过程中可能遇到的。与此同时,我们的文化又不鼓励人们去表达这样的感情,长此以往,大家也就缺失了一些情感表达的机会。

我们从明乐的故事里看到,在个体社会化的过程中,她对情感的经营也不是那样顺利,以及她自身关于性别认同的纠葛。在这样一个越来越包容的社会中,其实某种程度上也解构了传统观念中对两性身份认同的对立,从年轻人的成长过程中,我们看到她们不再一味地顺从社会的铸造,而是在反映出不一样的声音和追求。在她们的推动下,女性不一定非要“贤惠”,而男性也不用那么“阳刚”,这一切的界限仿佛都可以不必那么明显,打破区隔后的两性之间或许也能借机看到对方的另一面。

新一代年轻人不断成长起来,她们的故事里有一些反抗,这些反抗都反映出她们与传统文化所期待的女性格格不入的一面,整体上,这些女大学生的成长有了一些新的趋势和特点。她们渴望一种更加平等,能够包容“不同声音”的社会氛围,这样的尝试也了传统文化打破原有的两性区隔和对立,在一定程度上解构了性别带来的刻板印象,让我们能看到更加立体的女大学生形象,这既是对女性的解放,又是对男性的解放。社会本来就应该在人与人之间和谐的交往过程中不断实现进步和发展。

第五章 遇见未来的自我

西方女性主义理论在其发展过程中遇到的一个突出问题是，白人女性主义者所倡导的通过性别抗争来为妇女争取平等地位的诉求被黑人妇女所质疑，因为黑人妇女面对着来自性别和族裔的双重压迫。为此，黑人妇女要实现的不仅是性别的平等，还有种族的平等。可见，性别与种族、性别与阶层的交互作用，被纳入了女性主义的研究视野，也为更进一步推进女性主义研究提供了多维的分析视角。

在我国城乡的二元结构下，农村女大学生在其自我发展过程中，相较于城市出生的女大学生会面临更多的困难，尤其是传统性别观念（例如"重男轻女思想"）导致她们缺乏足够的家庭支持。当然，很多学者关注到了高等教育大众化过程中农村女大学生的不利处境。以北京大学为例，尽管女生占比达到44%，但是农村出身的女大学生却仅占4%左右（刘云杉、王志明，2008）。由此可见，女性在实现自我发展时还面临着性别与阶层的交互影响，农村女大学生要想实现阶层的跨越和性别的平等还有很长的路要走。武毅英就通过对一位农村女大学生的个案研究，呈现了被访者"面对传统规训—产生内心抗拒—最终驯服规训"的困惑与挣扎的过程（武毅英、郑育琛，2017）。作者运用这一个案反映了女大学生在面对性别与阶层的双重压迫时难以突破，甚至不得不向现实妥协的问题。史静寰(2007)也曾指出，虽然女性教育事业取得了一系列成就，但是结合种族、阶级和家庭背景等因素研究不同妇女群体的教育经历的研究成果仍然较少。

还有一些研究认为，底层家庭对子女的期望更高，这对一个孩子的成长有着重要的影响，“望子成龙”式的高期待是为了能够改变家庭甚至是家族的命运(熊和妮，2017)。尽管这些出身贫寒的孩子缺乏家庭文化资本，但他们大多懂事、刻苦、认真，在自我发展的过程中难免出现和原生家庭的纠葛，成长经历限制了他们的情感表达，与家人的爱怨交织也成为他们焦虑的根源(程猛、康永久，2018)。但是关于“寒门出贵子”的研究里，涉及性别方面的审视还不够充分。

周旭：破茧重生——创造属于我的明天

访谈及整理者/刘舒丹

一、我的家庭

一岁到两岁的时候，我和我妈妈住在一起。她是开理发店的，是整个区最有名的剪刀手。那时候我特别野蛮，还专门剃了个光头，如果别人来我们家店不剪头发，我就会动手打他们。我爸爸是个非常好的男人，他是村里唯一的大学生，毕业之后就分配到了现在这个公司做电气工程师。这个公司负责在一个小山区里给国家挖金子，直到现在他都在那里工作。

当时我家还挺困难的，妈妈就一个人边开店边带着我过日子。有时候，妈妈忙不过来就会把我留在二姨家，可我去了二姨家以后，不光是我表姐，还有邻居家孩子都经常欺负我，还抓我的脸，我妈就只好自己带我。最后实在没办法，在我两岁左右的时候，妈妈把我送到爸爸那边去了。

那时候我还有点龅牙，虽然同学们都叫我“龅牙周”，班上的男同学都欺负我，但是我没有自卑过。因为我爸对我的教育就是开放式的，我爬山爬树，下地抓青蛙……这些他都不在意，就这样慢慢养成了我女汉子的性格。

后来，我和他相依为命，在爸爸工作的镇上生活了八年，妈妈也只有每年过年才会过来看看我。

二、上学期间妈妈被骗的遭遇

这中间发生了一件很重要的事情，就是在我三岁的时候，妈妈被骗了20万。

她过年的时候来看我爸，把20万元存到了隔壁卖步步高电视机的店里，回去却发现那个人带着20万跑了。我妈又是一个很能赚钱但不会花钱的人，这20万是她从开店以来攒下来的所有积蓄。

后来我妈妈整个人就垮了，她到处打听，还专门找到那个人家里，发现人也不在，又坐火车去广州找，最后一无所获。

我妈妈把所有矛盾都指向我和我爸爸，直到我八岁的时候，家里都是非常困难的，爸爸工资不多，吃肉的次数也不多，生活压力很大。我妈妈一不顺心就会打我，让我爸爸跪搓衣板。而我爸又是个顾家的“小男人”，他喜欢读书，为人谨慎，性格特别直，有很多优点。他凭着自学和自身的技术能力，在公司成了一个非常有实力的技术人员，但我妈从来就没给过他好脸色，我爸的男性气概一直被打压，他也挺痛苦。

早年家庭的情况对我的性格还有爱情观都产生了巨大的影响。我感觉结婚很痛苦，就像我家这样，所以我就不太想结婚，也不会有找对象的冲动，这或许就是家庭教育对个体的影响。

10岁的时候，我舅舅当兵回来，他想让妈妈去市里发展，妈妈就在银行贷款买了个小房子带着我一起住。我舅舅通过一些人打探到了当年欠我们家钱的人,把他们修理了一顿,对方才老老实实还了钱,家里的情况才渐渐地好起来。

从那之后,我妈妈在超市里面打了两份工,再加上要回来的那笔钱,家里的状况好了很多,但生存的压力仍然不小!

三、我那"糟糕"的成长环境

后来,我就跟着妈妈,在市里读书上学,而我爸爸一年就回来那么一到两次,剩下的时间都是我妈妈带我。实际上,我觉得和我妈妈在一起生活是挺糟糕的,这也是我后来为什么要考离家那么远的大学,要离开她的主要原因。

当时妈妈在超市里卖洗发水,卖不同牌子洗发水的柜台阿姨会为了争顾客吵架、耍阴谋,她每次在外面受了气,回来都会发泄一通。她在家里都是很不情愿地做饭、做家务,然后打电话给爸爸哭诉,一直抱怨我爸不疼惜她,还在那么远的地方上班……那几年我爸爸压力大,脱发很严重。

妈妈她自己虽然没读过书,但她希望我比别人要强,对我的要求自然也不低。当时我表姐的成绩比我好,我妈妈就希望我的学习能超过她。因此,我从小到大都没有睡过懒觉。每天早上6点,如果妈妈在房间外喊不醒我,她就直接踢门进来,把我弄醒,然后大早上逼着我读英语。其实我并没有认真在读,顶多假装一下应付应付,因为她对英语什么都不懂。只要看到我在学习就行,尽管这只是表面上的功夫,但她至少会获得一些心理上的安慰吧。

早上,我妈妈会要一大碗没有糖的豆浆,再加一个馒头当早饭吃。这馒头是她去中心医院家属区排了很长的队买的,又干又有分量,因为她不相信别的地方做的饭,就认这一家的东西。我自然也没吃过别家的面粉,但我那个时候只觉得特别痛苦,因为我每天要被逼着吃一些自己不喜欢吃的东西,而且还都吃得很撑。

另外，我从小就体弱多病，身体也差，还有皮肤病。我妈妈就带我去找各种有名的中医看病。为了我的身体考虑，她还给我买过很多营养品，因为我爸爸只有一米六几，她也只有一米五八，她希望我能长高一点，至少别太矮就行。所以，她就经常给我买骨头汤喝，还有牛奶、各种钙片，每天不让我睡懒觉，逼我跑步、跳绳、打篮球，培养我的运动细胞，让我锻炼好身体。

自从上初二以后，我的性格就不那么好了，越来越像我妈妈。我觉得是因为那时候我每天接受各种刺激，神经才变得特别敏感，性格也时好时坏，可能好端端的就突然变得狂躁不安。我好像每天都和妈妈对着干，扯她的头发，她也扯我的头发，不仅如此，我们之间还互相骂仗，没完没了。

初三那会儿，自打我舅舅去世之后，她的精神状况就变得更加不好，有时我都不想回家，怕惹她不开心。当然，我也不是那种坏孩子，努力点的话成绩还说得过去。学校里，我和周围的同学相处得还不错，身边也有很多好朋友。

一直以来我都对我妈有些看法，但当时我并没有想这么多，毕竟家里面困难不少，她这样也可以理解。而且我父母也从来不会跟我明说家里的条件有多么的不好，我也知道妈妈内心是爱我的，那些对抗其实都不妨碍我理解她真实的想法。可我当时是不会感谢她的，而且我也没对她说过一句好话，老是在以一种对抗的方式跟她相处。

其实我的妈妈是很可怜的，因为她没有得到过外婆一丁点儿的爱，所以她也不知道怎么去爱。她这辈子就是为我而活，她做的一切都是为了我，我也知道她是非常爱我的。

我自认为在朋友当中，我是个会付出的人，积极向上，又没心没肺，也算是一个善良的人吧！上高中时认识的那帮朋友都很理解我的境遇，认识他们我也非常开心。

直到我上了高二，家里的情况才慢慢有所好转。之后，我的成绩并不那么理想，爸爸一个同事的女儿刚好考上了艺术专业，他就建议我学画画，后来就因为这个,我走上了艺术的道路。那年高考,我的成绩也不理想,最后我就填报了东北的学校,去了之后我才发现自己完全不能适应东北寒冷的气候。我的大学生活就这样开始了。

四、大学期间走遍大半个中国

小时候家里没有书,妈妈也不让我看电视,很多事儿都是被严格监管的,所以我就只能跑到书店,看看《儿童文学》《侦探故事》《简·爱》之类的书刊。高中以后,我就愿意看《藏地密码》之类的作品,这对我以后的影响还不小呢!

上了大一,我的成绩一直都是全校前几名,还经常拿奖学金,渐渐地我发现了同学之间的差距,我就开始思考并寻找自己接下来努力的目标和方向。与此同时,我的生活还掺杂着无尽的遗憾,我后悔自己的选择,不能很好地接纳自己的处境。

大一后半学期,我去了北京旅游,在那儿待了七八天,走了很多巷子,也跟人聊天,还顺路去了有名的艺术院校、美术馆……我就发现北京的文化氛围真的很不一样,于是,我心里面就开始有了向往的目标了。

大二这一年,我逃课玩遍了整个东北,然后又去了南方:广西桂林、四川成都,还有魔都上海……因为我跟学校老师的关系都特别好,就算我没去上课,他们也不会让我挂科的,所以我的成绩都还保持得不错。

寒暑假期间,我经常在老家打工挣钱,赚一点出去玩的“盘缠”。

因为总是找不到能跟我一起出行的同学,我就老是一个人出去,时间久了也就习惯了,一个人出行挺不错的!在外面,每当我一个人走在路上的时候,就有机会进行反思,想一些平日里不怎么会去思考的问题,这个思考的过程多少还是有用的。但是不好的一点是我不能像以前一样没心没肺地活着了,那些人生的意义、对生活的追求都是我时不时会集中精力去考虑的事儿。

我发觉自己生活的圈子太小了,大家每天都睡到中午11点,起来后也不读书,过得非常懒散,还有我的舍友,她们总互相说对方的不好,慢慢地我就觉得自己的格局被限制了。大二的时候,我就决定了以后我要考研……

说实话,旅游好像并没有从根本上解决我的种种困惑。

因为我不经常在家,家里常常只有妈妈一个人,她就说她心慌,再加上舅舅的事情刺激了她,外婆的精神状况也不好,她还在更年期,就避免不了给我打电话或者跟我爸爸吵架。她一个人很孤独,非常可怜。她甚至说过让我别读书了,因为在她看来,身边那些小孩根本就不读书,照样可以赚很多钱,我上大学的状态又让她怀疑上大学这件事并不是那样“靠谱”。所以她才说我不读书也没关系,还不如像那些孩子一样生活……

时间久了,我也就不想回家了,又迷茫,找不到自己努力的方向,所以总是一个人打拼。

我在学校里显得格格不入,因为大二那年,我说过要考顶尖的艺术院校。这对我们整个学院来讲算是一个天大的笑话,因为我们学院很差,从来没人有过这个想法,我却执意如此……

在别人看来,我每天的生活都是孤伶伶的:一个人吃饭,一个人看书,甚至一个人跑出去旅游……

后来我就慢慢有些抑郁了。

五、煎熬与坚持

我看过叔本华写的一些书,还有关于宗教方面的书,比如有关印度教、弘一法师之类的东西。当时我还试过弘一法师说的“断食”,没有人教,我就自己尝试着去做那些事情,隔一段时间断食几天,强迫自己不吃任何东西,不胡思乱想,后来因为营养跟不上,气血亏,冬天一出门就受凉。做这个完全是因为好奇,我希望通过此类尝试让自己获得更多力量,从小到大都没有老师教我如何获得力量,我想从书本中获取一些能量,让自己坚强起来。

早上6点一起床，我就给自己布置很多任务，一旦没有完成，我就会处于一种暴躁的状态，变得特别固执和焦虑，有时候还会暴饮暴食。那时候我就已经发觉自己的心理状态不好，异常敏感，只要听到尖锐的声音就会不由自主地狂躁起来。

回家之后，我妈就发现我变了，她说我回来也不跟她说话，还老是挑她的毛病。以前的我不爱读书，每天出去找朋友玩，现在我总是闷在房间里天天看书。在她眼里，我不再像以前一样活泼，变得不正常了。我对父母说："不要你们管！"

总之，我当时的情况已经非常糟糕了。

后来我去泰国，还有云南的藏区，旅行途中我的思绪渐渐舒缓下来，种种见闻还有别样的景色都能抚慰我受伤的心灵。那些地方的人什么都没有，但他们活得如此快乐，我为何不能这样快乐地生活呢？看了些心理学方面的东西之后，我慢慢地对自己开始有了一些肯定，不那么脆弱了。

慢慢地，我和妈妈的关系有所好转。我身体不好去医院检查，病情挺严重的，妈妈这才顾及我的心情，开始反思自己，也不再逼我吃东西了……

到了大三，我就坚定了要考研的想法！

我独自一人来到北京，花钱报了考研班，还租了个地下室，自己每天找地方学习，从早到晚，一学就是一整天，这些都是我在旅行过程中锻炼出来的生活能力，也磨炼出了意志力。因为基础差，我每天都会给自己规定学习的任务量，不然报班的学费就白白浪费了。每当坚持不住的时候，我就咬着牙跟自己说：一定要闯过这一关！一定要赢！

那个时候，对我来说考上研究生就是赢，连考场都没上岂不是一开始就输了？如果我没考上，回去反倒成了别人的笑话。所以，我必须下这个决心，每天逼着自己要坚持再坚持，一定要赢！

考研的过程是艰苦的，没有人帮我负担生活费，我只能自己挣钱。我变得非常自我,只相信自己,心也变得越来越“硬”。我觉得大学之前自己是一个特别善良、开朗又活泼的人,别人怎么说我都好,我的朋友也不少。可这几年我变得抑郁了,反正是很难受。现在想想那段经历也不算什么,都过去了。

六、与导师的交往——我把她当成自己的妈妈

考完研之后,我觉得考得还不错,加上身体恢复得也不错,我慢慢变得自信了起来,看到的世界也开始变得不一样了,我仿佛是跳出原先水井的“小青蛙”,到了一片更大的天地一样,心情也好了不少。

我的导师很喜欢我,说我有灵气。她带我去参加了一项户外活动,在活动过程中我结识了好多朋友,一切都是那么顺利,我仿佛又回归到之前那个“傻不拉叽”的我,人也开朗了不少。

但我原先那种自以为是的性格好像已经扎根了,那种不安、焦虑依然时不时地出现。

虽然我考研的时候是以外校第二名的成绩进来的,但我的本科院校很多人甚至都没听过。我的室友是本校上来的,人家当年高考是凭借着五六百分的成绩来这儿的,可我当年只是一个 300 多分上线的学生……说白了就是我一直没有摆正自己的位置,生活中又不断暴露出我和同学之间的差距,慢慢地我就开始觉得自己融入不进这研究生的圈子。

我导师知道以后就经常安慰我说:“学校是一个很复杂的地方,你不要跟他们混来证明自己……”慢慢地我只认我的导师,都有点“走火入魔”了,我非常自傲,觉得只要导师喜欢我就行,不管别人怎么看我,我都不在意。

后来我看了一些心理学的书,慢慢地我就“不说人话”了,我总是处在一种高不成低不就的状态,导师想帮我但又无能为力,我清楚必须靠我自己走出来。

我感觉她好像并没有真正帮到我什么,老是“打禅语”,没有一个明确的指

示——我能做什么,我需要做什么……所以我就越学越感到困惑,只能每天听她的录音,不停地揣测她的话是什么意思。我开始变得越来越多疑,越来越焦虑。

后来有一次出国,期间我意识到我和老师相处的方式非常有问题。因为我特别依赖自己的导师,她每天给我打电话能聊两三个小时,讲的都是她生活中的事情,但我有很多问题想问她,都没机会问。慢慢地我内心会觉得有点儿烦,导师说多了我就不愿意听了。

我需要老师的关注,因为我觉得在学校里导师才是最重要的,其实我这样想就已经出了问题。我不能理解我和老师的关系,或许这种依恋是因为我把她看作是理想中的妈妈吧!

但我感觉到这样不好,其实我并没有把她当作是自己的老师,而是把她当作亲人,她有什么问题我都直接指了出来,我还说过我的老师不真实,这也伤害到她了。那之后我俩免不了产生矛盾冲突,发生了各种争吵,慢慢地她就不管我了。

我意识到自己的身份定位是有问题的,我错把师生关系当成是朋友关系,处理得太过草率。当我剥离出这层关系,离开了老师后,我就什么都不是了。学校里我也没有很好的朋友,除了自己的老师也没有其他亲近的老师,那段时间我特别痛苦,也很迷茫,这和我当初憧憬的研究生生活大不一样。

每天我脑海里都在想该怎么办才好。一开始我觉得自己并没有做错什么,后来我导师竟然什么都不管我了,也不接我电话,那一瞬间我才意识到事态的严重性。

我很后悔,当初我不应该这么做,我的确伤害到她了,我觉得我有罪。

我自己非常的自负和任性,想说什么就说什么,我导师说我的缺点大多来源于我的家庭。因为我们家就是互虐的,但我和导师再也不会互虐了,因为她不是我的妈妈。

七、寻找疗愈的方法

研二的时候，我尝试去不同的地方，也去北大听过课，我想换一个新环境来让自己别总想着那些不愉快的事儿。我还找了我导师最好的朋友，她是神经科的老师，我跟她说了我的状态，她就告诉我："没有两个人是永远能在一起的，朋友之间也是如此。你需要控制好自己的情绪，你的痛苦、所有的不开心，都来源于你自己，而不是别人。你的导师也只是一个老师，你觉得你对不起她也好，还是她伤害到你也好，这所有的一切都源于你自己对这件事情的看法。所以你的痛苦只能你自己去解决。"

她建议我每天不用刻意去干什么，但需要不断地深思，想想为什么，然后再把它写下来，直到最后无法再问为什么的时候，或许就能想清楚这背后的根源在哪。

她说我这样的 90 后性格太自我了，说我在人生路上需要不断地摔跤才能成长，因为这是我必须要经历的。我和几个博士也聊过，他们说不管我导师做过什么，事实上我从来没有接纳过她。就像我之前所说的经历，从中足以看出来我是一个怎样的人——总在高处看别人，包括我自己。或许我从来就没有接纳过这些人和事。

备考的时候，我对自己特别狠——每天不睡觉看好多书，其实也是为了尽快摆脱我 300 多分进大学的身份，想变得和其他人一样优秀……

可现实又是那样的残酷，两天看一本书的速度让我不能吸收书里的精华，可以说我连自己都没有接纳过，更不用说接纳别人了，自然也就不懂得怎么去爱他人。

八、现在我眼中的自己还有我的未来

现在的我开始认识到自己的定位了，但我似乎有点儿软弱，变得没有以前那么坚强了。我开始意识到同伴的重要性。每个人都有自己的优缺点,我要融入这个环境当中,大胆地展示自己,同时,我也要看到别人的优点,接纳自己的不足。

我也有理想,想跟志同道合的朋友开一个书院、办一家幼儿园……也许在教育领域创业才能发挥我的专业和创意,真正做成一些事情。但我知道自己存在许多问题,我的家庭状况是怎么也改变不了的,我改变不了我家人,只能改变我自己。此外,我与自己导师的相处方式也是需要反思的。在自我反省的过程中,我能找到问题的根源,也能发掘自己的潜力。

整个过程,我不断找寻自我。每当我遇到困难时,都需要自己来闯,因为我不会认命,不想放弃自己。但命运总是在我把生活搞得一团糟的时候,又安排那些能拯救我的贵人出现……

今后,我必须更加谨慎地经营好自己的人生,也需要不断摆正自己的位置,解决生活中将会遇到的各种困难和挑战。

书杨:学术与生活的波折和坚韧

访谈及整理者/周川淇

一、读博意愿的建立

我高中学的理科,但是我个人还蛮偏爱文科的,加之后来的一些原因,我本科志愿填报的不再是理科专业,而是人文类学科——教育学。

我当时选现在的学校和专业,其实一方面是因为我自己没有太明晰的生涯规划,就想着未来毕业可以做一份比较安静的工作;另一方面是因为我本科学校的老师在高考前正好来我们省自招,我发现自招有个专业是教育学,我认为学教育学毕业就是当老师嘛,当老师是一份比较安静的工作,我就直接报了教育学,也考过了自招。最后结合我的高考成绩,我顺利来到了我的本科学校攻读教育学。

可是在本科学教育学的时候,我就发现了一个特别奇怪的现象:学了教育学的毕业生并不是一定要当老师。但是这个问题一旦我向别人澄清,别人就会问我,那你毕业后打算做什么呢?这个问题我也没有办法回答,反正我当时也很迷茫。我觉得本科毕业之后我还是只能当老师,可我对当老师这件事情逐渐觉得不满足,我不应该说做一个中小学老师是一个没什么前途的职业,但是从我个人来讲,我觉得这份工作不能完全满足我的自我实现需求。虽然它在一些方面可以满足我的一部分自我实现需求,比如说我想要帮助人、教育人,这方面和我最初想进入教育领域的一些想法是相关的。但是我还想要有更多的成就,我说的成就是个人成就上的一些成长空间,我觉得当中小学老师可能在这方面对我而言就不够,它没有很大的晋升空间。虽然当时我考虑过其他行业,但是很困难,因为教育学专业毕业生的就业面很窄,不太适合做别的工作。我觉得教育学不是一个很适合本科生学习的专业,因为我学了很多教育理论,如果这个时候出去做别的工作,我不太敢突然去转换一个行业或者怎么样,我就觉得我学了什么专业,那我就只在这个方向上找工作,我不是那种很有挑战精神的人。

本科快要毕业的时候,我发现在我这个方向上没有能够满足我欲望的职业,所以我决定还是考研,我当时想考教育哲学,还是教育基本理论这一块。因为我觉得我个人很喜欢枯燥的理论,但是一方面,我觉得学纯理论没有太多的工作实用性;另一方面,我又很喜欢理论性的学习。我是一个比较内向的人,我喜欢读书多过出门玩,对我来说放松的方式就是在家里看看书。可以说我是一直想要在学术上不断前进的。

我小的时候对博士是有误解的,那个时候我觉得最高学历就是博士,读到博士的人才是最优秀的人,中间没有读完的人,就说明他们是被刷下去的。所以那个时候我就觉得我要读完博士，然后顺顺当当地留在高校当老师。但其实到本科的时候，我才知道读博士这件事情不是像读完高中就读本科这么一个好像非做不可的事情，而且，读完博士和能留在大学工作没有必然联系，不是说读了博士就能做这件事情。经过几年的本科学习之后，我对于读博士这件事情就没有那么渴望了，我想着先读个硕士，然后再看看读完硕士之后是什么情况。而且我当时本科毕业后不想就业，我觉得那个时候出来找工作，找不到我想要的工作，我们本科班的同学基本上都是出来当了老师，而我读大四的时候就不太满足于当一名中小学老师了。

其实我现在读完硕士后发现自己还是只能当一名中小学老师，所以也就不是太想硕士毕业再找工作了。我计划要么在公立的学校当老师，要么在一些私立学校或机构当老师，但我觉得机构不够稳定，而且我觉得它的社会地位不高，如果是公立学校老师的身份说出去，好歹还是更受人尊重的。但这些都不是我想要的。我现在有一个想法，就是整个社会其实也会觉得哪怕是做到中学的校长，还是不如一个大学老师的社会地位高。

但我在读本科的时候其实没有特别努力，因为上大学之前我一直生活在一个被管控的环境里，所以上大学之后我感觉很自由，变得很散漫。比如说我的成绩，我没有保上研，可以看出来就是成绩不好，所以我就考研，但被调剂了，因为我复习的时间太短，成绩不理想。

在考研这件事情上，家里人也叫我早做准备，但是因为自己没有办法集中注意力，没有很好地去复习，再加上大三那会儿正好 10 月份的时候赶上我要进行教育实习。反正我觉得自己不是一个太能吃苦的人，相反我有很多同学他们白天实习的时候就坚持看书，晚上回来会再看几个小时书。但我觉得实习很累，我白天干老师分配的任务，没时间看书，晚上回来之后就更累了，就想躺在床上休息。

等到实习结束之后就到了 11 月中旬了，那会儿我才开始复习，就很晚了。

我天天泡图书馆，每天十几个小时都在图书馆里看考研书。我是那种不太感受得到考试压力的人，不太会有“要考试了但这个事情弄不好怎么办”的想法，不过我会尽力，我考试之前不会想说我不会怎么办。我平时复习的时候，寝室里有很多人一起看书，我们就会相互考，但我没有一个问题答得上来，不管是多基础的题，但我也并不为此感到焦虑。我不会去想这些都不会怎么办，将来考试的时候怎么办。但是到考试的时候，这些平时答不上来的题我都能想起来。其实我觉得我取得的成绩比我付出的努力要多。但是也因为我付出的努力太少，所以我就觉得我考不上研究生也很自然。

我自己刚拿到成绩单的时候，其实有种莫名其妙的自信，也不能完全说是自信，反正我就觉得自己考上研究生没什么问题。因为我的成绩跟去年的分数线是一样的，所以我就觉得自己已经考上了。但我妈很焦虑，就说：“你这个成绩就比去年的分数线多了一点点，万一人家分数线提了不就不行了嘛！”我还觉得她说话怎么这样，就不想听她说话。后来分数线出来，比去年高了30分，那我就只能等调剂了。

二、高标准的妈妈

我和我父母的关系比较温和。他们除了小时候打过我，后来从来没有教训过我，顶多和我交流一下，有的时候他们觉得失望或者怎么样也不会骂我。我和我全部家庭成员的关系都非常好，但我和我爸妈之间不会聊一些太深入的话题，我们两代人的价值观差异很大，并且我爸也很古板。我刚知道成绩的时候，我妈就觉得有点低，她说：“你这个成绩怎么这么低？”反正就是说这样的话，但她没有说过我怎么这么不努力这种话。

我母亲是会计。她不是一个事事非要争出头的人，但却是一个上进的人，是一个上进而不争抢的人。但是上进必然面临着比较，所以她对我的要求也不像非要争第一那样要求那么高，她不是要我达到什么标准，但是她就一直要我上进，她喜欢看到我保持这种状态，但我觉得我没有办法做到。虽然我妈这个人不太期待我走在最前面，但她要求我要随时随地符合她的标准。她要求我一直是努力的，不能看到我懒怠，但是又不要求我取得最好的成绩。我觉得这中间夹杂了一种隐藏的，或者说潜在的话语，就是她觉得我是没有天分的，必须得特别努力。我没有跟我妈交流过这个问题，我不太清楚她的想法，但当时我就感觉她话里面透露的东西就是我可能没有天赋。我觉得她始终没有认为过我是一个有天赋的人。我中考的时候一不小心考了上当地最好的高中，但其实按我自己平的的成绩来说，我是考不上的，就因为发挥得好，所以考进去了。她觉得我本来就考不上这个学校，我进去之后，如果我的成绩排在最后面，她都可以接受。高一的时候，我考到了一个比较靠前的名次，她还觉得很惊奇。她一直认为我是一个资质平平的人，然后要求我永远保持努力，因为她自己是一个很积极的、永远有活力的人。但我觉得我不是这种人，我需要很多休闲的或者懒怠的时间。我觉得我俩的积极状态是有差异的，我不可能做到她那种积极的状态。

就我个人来说，在对待问题的看法方面，我更认可我爸爸，但是我和妈妈更亲密，可我不太喜欢听我妈妈讲话，因为她对我的很多要求是我不能达到，并且也不想达到的。我和她产生冲突之后，也不想跟她理论，因为我希望她能开心一点，和她争有什么意义呢？她不觉得我是一个很优秀的人，我不知道自己有没有受到她这种观念的影响，但我会觉得自己的确不是一个很优秀的人，也会觉得没有人认为我是很优秀的。

前两天就我读博士这个事情，我妈特别生气地训我。因为我已经写完了文章，但还是很着急，颈椎就很疼，后来她知道了之后就训我，说我身体不好，为什么不知道爱惜自己的身体。她的初衷是要我保护自己的身体，但其实我没有疼到那种很严重的地步，我只是小病小痛而已，但在她心里就已经非常严重了，她自己把我的痛苦幻想得很严重。她这样想是出于一种对我的关心和关爱,并且这种关心关爱的程度是很深的,但她偏偏就能把话说得特别难听。她说:“你先说你不照顾好自己的身体。”她说这话也就罢了,我确实不太考虑自己的身体,然后她又说:“你也不能天天在那儿学,我看谁也没像你那样。”反正她的意思就是说别人不用这么辛苦,就可以得到和我一样的东西,甚至得到比我更多的东西,但我就要牺牲我的健康,才能获得比别人更多的东西。她就是觉得我没有天分,说,你看别人就怎么怎么样,你就不是那块料,你读完快回来。我就特别不想听她说这种话,我本身就没有考上研,当时已经很伤心了,然后我还要听她跟我讲,说我没有考上,是因为我天生不是那块料。我记得当时自己跟她讲:“你可闭嘴吧,我不想听你说话,你想想你自己,你回想一下你刚刚说的啥话。”

然后她又在那儿笑,就说:“我说这个还不是心疼你,不是因为你不好好照顾你自己吗?”她确实不是故意这样讲我或者训我,我觉得她对我没有恶意,但就是自己心里这样想着,一不小心吐露出来了。我觉得我妈目的不是为了训我,但她心里认为我是没有天分的,所以她跟我说话的时候一不小心就会表露出来。但我其实是希望我妈能够给我更多肯定的。

我爸对我一直非常溺爱,我从小到大在他那里基本上得不到负面的评价,他从来没有大声跟我讲过话。他挺大年纪才有了我,我也没有闹出什么事儿,一直很符合家长的期望,所以他从来没有训过我,连重话都没说过。而且其实我每走一步,他都会觉得非常骄傲,很支持我。我考上市里最好的高中的时候,他完全没有想到,他真的是那种很欣喜的反应。

我考上大学之后,他特别骄傲,觉得我要很优秀才能考上我们学校。但其实他的态度或者情感不像我妈那样能够直接地传达到我这里,因为我和我妈妈更亲密,我妈妈对我的这种不肯定,对我来说感受是更强烈的。但是我爸爸对我的这种相信,或者说包括夸奖也好,跟我有一定的距离。我知道他为我骄傲,但是这种态度不是那么能影响我。

我其实很渴望我妈妈能够认可我，但她是一个高标准的人，又不要求我达到这样的高标准。这就给我一种感觉，我觉得自己永远没有办法成为一个优秀的人，我觉得自己就是一个很笨、需要不断努力去做一些事情的人。当然在我成长的过程中也有很多人影响过我，也不是说自己完全没有自信了，也有很多声音告诉我，我是很优秀的，我是有天分的人，我不是一个笨且勤劳的人。但是这些不同的声音会在我头脑里面打架，就我自己来讲，我觉得更占上风的念头是“我不够优秀”。

我是独生子女，但比较特别的是，在我从小到大的很长的一段经历中，一直都有人住在我们家，我始终和另外一个姐姐、妹妹或者哥哥、弟弟在一起生活，而且我觉得我妈对另外一个人更加好。虽然她心里不是这样想的，她心里肯定最爱我，但是表现在行为上是不一样的，比如她给另外一个人更多的是夸奖，给我更多的是管教和束缚。那么当我们两个产生冲突的时候，她一定更偏向另外一个，算是为了保持一种良好的平衡吧！我妈这个观念当然是很道德很高尚的，但是我小时候觉得她这样做很奇怪，对我来说，让我深受影响的就是我很多次觉得为什么她更加喜欢另外一个孩子？我做错了什么？我觉得我没有做错什么，但是另外一个人就是会得到她更多的肯定。我不知道自己能做什么去改善这种现状——就是不管我怎么做，我也不会成为地位更高的一方。我觉得这些事情对我影响很大，我始终渴望她能够认可我，始终渴望她更爱的人是我。我跟我们亲戚家的孩子不是同龄人，他们比我大很多，我们没有可以横向比较的标准。当然如果纵向比较的话，从学业发展上来讲，我肯定是比我的哥哥姐姐们的学历都高，但是我那个时候不会这样去比，我还上小学的时候人家已经二十多岁了。

我从小被这样带着长大，我妈妈看到我有很多缺点，觉得我不是一个天生聪明的人，我就是应该用勤来补拙。但是我觉得教育孩子不能这样，要让孩子相信自己是有天分的，尽管孩子不是那么优秀。所以成长的经历潜在地给了我一种感觉，她也不是永远不会夸奖我，就是说我没有感受到她对我有那种真心的认可或者真心的骄傲，或者说就是她从没有真正觉得她的女儿是一个这么优秀的人。

包括我现在说我想读博士之后，她也一直不是很支持我，但她没有跟我讲过。我也说过我们家庭成员之间的关系比较好，她也没有阻止过我读博，但是我可以看出来她对这件事情不是一个支持的态度。如果事情全按她的希望发展，她肯定是希望我不读博的，但她又不希望她自己的观点束缚我，所以她没有告诉我说她不支持我读博或者怎么样。我就感觉我妈妈也是有一点点矛盾的：一方面，她内心的想法是我不读博最好；但是另一方面，她又觉得不应该把这个想法强加给我，而应该让我有一个自由发展的空间。后来在我考博的过程中，她就跟我说让我不要太累，她比较关心我可能会累，在她看来，就是我做这件事情是力不从心的，她关心我时总会给我一种这样的感觉。我不是太喜欢她关心我。

三、“会为了一些事情去牺牲自己的健康”

不过说到身体健康，我确实是不爱惜自己的身体。我觉得可能有的人如果说没有时间做某些事，他就会放弃，但我就会觉得我的身体是可以压榨的。我之前写论文也是大概两周的时间，我隔一天睡一次觉。我要学一天，连轴转到第二天，然后到第二天夜里一两点的时候再睡觉，但是早上六七点我就起来，所以那段时间我非常累。有一次大概熬到第四天晚上的时候，我坐在床上抱着电脑写论文，感觉自己像在太空舱里一样飘了起来。我觉得人应该要爱惜自己的身体，但我有时候控制不了自己，会为了一些事情去牺牲自己的健康。

我膝盖半月板曾经受过伤，因为中考那个时候考体育，而且学校也很重视体育成绩。我就会认为中考体育怎么可以不拿满分，人家都可以拿满分，所以我就觉得我也要拿满分。但是我从小就是一个不爱运动的人,我是一个连出门都不愿意,只想留在家里看书的人。但是我真心觉得,人家能拿到满分,我也要拿到满分,然后我就跟着大家拼命训练,就把自己的半月板伤着了。伤了之后自己又不愿意好好治,就想赶快重新投入训练当中,因为那会儿又快中考了,所以我的膝盖到现在都还没完全好,我有时候走路走久了膝盖就会痛。其实每次疼痛后我一想只是为了中考体育拿满分这么一件事情牺牲有点大,但在那时我觉得这是一件无比重要的事情,并且我的身体是可以为之让位的,很多时候我都会有这样的想法。我总是不注意自己的身体,出事了之后又很害怕,但我又觉得很多时候自己已经很爱惜自己了,比如在不是特别忙、觉得一件事情不是那么重要的时候,我可以给自己非常大的休闲空间。我从不觉得自己是最努力的那个人,在我的同学当中,我看到有很多比我生活得还要辛苦的人,跟他们比起来,我感觉自己其实也没太辛苦和努力。

四、家庭和社会给了我某些压力

另外,我觉得,女性本身在社会上是处于劣势的。从社会文化层面看,在未来的竞争当中,女性是有天然的性别劣势,不是说女性这一性别本身不好,而是女性面临的竞争确实会更激烈。女性不仅要和自己的同性竞争,还要和异性竞争,而且同男性的竞争是比较激烈的。当一个人愿意待在社会中下层,或者说没有处在一个更有资本的社会地位,并且安于现状的时候,往上爬的动力就没有那么强,竞争可能也不会特别大。比如我的初中同学,他们长久处在没有特别多社会资本的位置,可能就没有那种挤破头要往上冲的感觉,因为我感觉其实人处于社会底层,竞争不太激烈,还是有很多位置可以挑的。但是如果想要往上层走就更难,竞争也更激烈,因为走到上层之后本身机会就会少。我觉得女性在上层社会想要获得好的结果,要付出的各方面资源和精力都要比男性多。在我见到周围奔着更好的社会地位跑的这些人里面,女性付出的远比男性要多，她们付出了很多自己的生活，这些东西都可以不要了，就要那一个出人头地的机会，但我觉得男性不是这样的。从我的经历来讲，尤其在一个女性很多的环境里，男性就有天然的优势；同样，在一个男性很多的学校里，女性就占有一些天然的优势，我觉得这没什么。目前为止我几乎没有因为自己的性别而受到多大的伤害，但我觉得在某些事情上我感受到的压力、所被给予的机会、受到的评价和男性是不一样的。

我在反思，比如说在招聘时，有些职业就会提到男性优先，我觉得这是很奇怪的现象。他们有一个很好的理由，说女老师太多了，但不能只有女性的声音，男性的声音也是很重要的，这其实没有问题，比如当女性过多的时候，我也支持这个环境里面有更多的男性，听取不同的声音。但重点在于，这个社会只有在这种情况下才会发生这样的事情，可如果把性别对调的话就不会发生了。如果是一个男性居多的领域，他们就不会觉得需要女性的声音，他们就会觉得这个事情只有男性可以胜任，所以女性进不来，这就是所谓的“隐性歧视观念”。

还是我之前说过的话，我没有在某一件具体的事情上直接感受到我被一个男性压制的经历，但更多的是在日常生活当中，我一直感受着各方面带来的压力。我觉得社会在进步，不可能永远什么事情都只是男性的一言堂。女性既然自身在发展，经济地位提升了，本身就要有发言权。女性的确有了更多的机会，但我们要求的是两性要有平等的机会，我们要求的是被平等地看待。

此外，我也能感受到来自家庭的压力，比如说我母亲给我带来的那种隐形的压力。我觉得我努力的动机是我觉得自己不是优秀的人，我永远没有办法达到最高的位置，或者说非常高的位置。就是我觉得自己是一个平凡并且普通的人，但是我要更努力地往前走，我要去我能去的位置里面更高的地方，但是我自己是有设限的，我觉得我能去的最高位置也就这么高了，不过这就够了。我不想在一个我认为很低的位置待着，我想往上蹦，但是我觉得自己蹦起来又会有天花板。我认为自己不优秀,但我不想承认,我不想让别人觉得我不优秀。我觉得自己还有很多的不足,但我不想让别人看到这些不足。

我觉得我的心态一方面代表我自己,另一方面代表女性。我希望自己是一个优秀的女性,我也希望所有女性都能被看到,能被发现是优秀的,是有能力的。但其中很重要的还是我自己,就是别人不可以说我是一个做事不好、不行的人,我希望别人承认我是一个努力并且可以达到标准的人。

五、"善意让我的焦虑无法表达"

我是一个非常擅长倾听并且很喜欢倾听的人,我尤其喜欢和别人交流或者争论一些观点,就是有的时候看起来感觉怎么吵起来了,其实不是,在我看来这是一个积极的交流过程,在这个过程中我很开心,我希望对方能够给我一些新的观点。因为我总觉得我自己没有办法产生唯一正确的观点,我肯定是偏颇的。我希望对方愿意跟我争论,这样就能够提供给我原来没有想到的但我会认可的东西,我希望对方能够改变我。并且我要考虑一下这个声音是不是可以接受,但是同样的,这个声音对我来说就会有过多的影响,我有时候听别人说某些话的时候不会很认可,但是它实质上已经在影响我了。有时候可能别人只是在评价我,而不是和我交流一个观点,那我会更受影响,我会非常在意别人怎么看待我。

当我考博一开始没有成功时,大家都在催促我,要我赶快决定下一步做什么。但是我不想这么快做决定,我觉得这太着急了,我想再想一想。但是所有人都说不行,然后我越被催就越焦虑。"可我不想听你们的,你们不要再讲话了。"我其实很生气、很不满,但我最多说"你们不要再讲话了",我没有办法把"闭嘴"这个词说出来,即便我心里已经这样想了。然后我就非常难过,我觉得说这句看似不雅的话对我来说太羞耻了,我没有办法去对关心我的人说出这样的话,也许这不是骂人的话,只是对别人稍微有一点点冒犯而已,但是我没有办法接受自己讲出这种话来。我一边希望这些人“闭嘴”,一边又对自己说,这些人其实都是关心我的,我不应该这么去想他们,所以我非常焦虑。

我非常不想听到人家跟我讲这些问题,我一听到就很难过,偏偏我的室友和我周围很多朋友对我的事非常上心。尤其是我的一位朋友,他本身是一个非常向上的人,但是他的某些行为让我很不舒服,比如他立刻就要把所有他知道的关于怎么找工作的资源全部推给我,而我根本就不想现在找工作。但是他不停地把找工作的信息推给我,就给我一种感觉:我不能放弃,如果我放弃了,我好像就错过了许多许多。尤其是和他比起来,和我周围的很多朋友比起来,他们都已经至少挣了一点点钱,哪怕只是几百块,但是我没有,我还在用家里的钱。我就会觉得人家已经挣了钱,人家还这么着急赚钱,而我还没有挣钱,一想到这个,我就会非常焦虑。

六、心理学和教育学的摸索

最初决定考博时,我想考心理咨询专业,因为我觉得这个专业和我的价值观非常契合,我觉得学了心理咨询专业后我可以帮助别人,这对我来说意义很大。不过如果我申请国外的心理咨询专业的话,一方面申请时间特别紧张;另一方面,读博需要特别久的时间,得5—8年,就没有短的。读完博回国之后各方面事情都会变得很麻烦,我觉得首先还是结婚的压力,出国读书时间太久,毕业时我肯定不低于30岁,或者如果读得久一点的话,可能32岁才能回国。我就觉得如果我到了30岁或者32岁再开始找对象,就有点困难。我在国外,想找一个国内的对象就很困难。所以我当时就觉得说没有必要读这么久。另外,因为我一直在念书,一直在花家里的钱,看到身边越来越多的朋友开始经济独立,我会着急,尤其是我身边还有很多朋友虽然还在读书,但他们还是会想办法赚钱。而我不是一个精力那么充沛的人,很多时候如果我没有充分休息,我就做不好接下来要做的事情。所以我就没有去勤工俭学,反正就各种各样的收入我都没有，我就是完全花家里的钱，而且我花钱其实不是特别节制，我就很焦虑。如果我出国读书，就还要有最少六七年的学习时间，我觉得如果到我30岁了还是要父母养着，没有对象，结婚也遥遥无期，那我始终还是原生家庭里的孩子，在很长一段时间里都不会开始人生新的阶段。所以我就想着说要不就不出国了，就在国内读博。

但是国内心理学的方向都是偏数据量化的，要做实验，要分析数据，而不是偏向我更中意的咨询方向。但我还是渴望读博的，现在回头想，我究竟是对心理学专业更渴望，还是对学术研究本身更渴望呢？应该是后者，因为我也没有那么喜欢量化的心理学。

不过我当时还是坚持了自己的想法，去心理学专业找了导师并一直跟着他做研究，心理学研究范式对数据处理的量化要求比较高，这和我的兴趣确实不是很匹配，老师那边竞争压力也比较大，对发文量非常看重。我跟了导师挺长一段时间，但因为我之前确实没有系统学过心理学，虽然很努力在跟进了，但最终老师还是拒绝了我。

然后我就开始考虑资质的问题，我怀疑自己资质不够，学不好这个专业。我想着哪怕明年申请读心理学的博士也一样，还是申不上，因为心理学的专业要求和我本科的教育学是不一样的。后来我逐渐开始反思我擅长的东西是什么。我就觉得我一直在学教育学，说不定我还是更擅长教育这种更偏感性，或者说更偏理论思辨的专业。过了一段时间后，我逐渐从我被心理学专业抛弃了的感觉当中脱离出来，重新看到我追求的这个“抛弃”我的专业其实和我的愿望是有很多不一致的。从我个人来讲，我喜欢学术，我想做学术，我对学术的这种渴望，实际上是源于一种社会责任感，我觉得进行学术研究是我的责任所在，而且我通过进行学术研究能够真正感受到自己可以帮助别人，它能够让我的工作有意义、有价值，让我有能力承担我应当承担的社会责任。

一开始选专业方向的时候，我觉得我最喜欢心理咨询，它完全契合我的想法。但实际上我后来又觉得做实验不是我最热爱的，就是说这和我原来想要承担社会责任的初衷是不符的。当然学术研究肯定会推进心理学在学术上的意义，但我后来觉得我一直是一个做教育的人，我想承担社会责任，这方面我尤其受我本科导师的影响，我觉得自己还是想帮助别人。所以，比起心理学，比如包括脑科学或者心理现象之类的研究，我感觉我从事与教育相关的研究更开心，因为通过教育研究更能体会到和人实际接触的感受，这样给我的感触也更深。因为就教育学来说，它其实还是关于人际关系的研究，或者说它的社会性更强。所以，过了那个阶段，摆脱了“被抛弃”、自我怀疑的痛苦之后，我又有精力去看我真正喜欢的东西了，也开始有精力去反思其实我追求的这个东西并不那么适合我，而我也没有那么喜欢它，我只不过是很执着地在追求它而已，并且我那会儿还在实习，又要开题，还得准备各种材料，特别痛苦。想通这个问题之后，我豁然开朗，并且非常开心。当时我跟我爸通电话，我爸在电话里面特别开心，说我终于想明白了。身边很多老师和朋友这才敢跟我说，之前他们都觉得我的想法不切实际，只有我一个人执着地想要读心理学。

七、考上博士不简单

不过当我决定重新考教育学博士的时候已经挺晚了，因为我是 10 月初还是 10 月中旬的时候被心理学专业的博导拒绝的，可我并没有在被拒绝之后马上找下一个导师，因为我确实需要缓一段时间。所以当我想好了学什么已经是 11 月初了。我联系了我现在的导师，所以我重新写研究计划的时候就挺晚的了。但是那段时间其实我也没有别的事要忙，我要做的其实就是写研究计划、准备材料。材料没有什么特别难准备的，包括发表的文章，一些硬性材料，这都是已经有的了，也不太需要花特别多功夫准备。但我那段时间确实压力很大，因为我是 9 月底开的题，下个学期就要交论文，这意味着这个学期内我就要收集数据，然后做分析。而我 10 月开始实习后，我们老师对实习生的要求比较高，所以我每天早上四点多就要起床，去学校实习，一整天肯定没有时间做自己的事情。晚上五六点的时候回到学校后，我还得备课。大概整完实习的东西，可能就到了晚上八九点、九十点了，然后我还要写我自己的东西。因为那个时候我的第二篇文章正在投稿，期刊的编辑正在给我发意见，所以我就在反复修改。而且我又在弄我毕业论文的事情，这些东西弄完基本上可能就晚上一两点、两三点了，我觉得我可能连续有半个月以上的时间睡觉时长大概只有1—3小时。每天都是这个样子，我周六周日倒是能休息一下，因为周六周日不上班。那段时间非常崩溃，脑子也不怎么转。我觉得那个时候之所以痛苦了那么久，是因为我没有时间去想，我所有的时间都得拿来干活，但我想明白一件事情是需要很长时间的，就是我们说的空白时间。我得有大段时间可以发呆，发着发着，就偶尔能想通一点点，但是如果我很忙的话，灵感就很难有机会击中我。

所幸投稿的那篇文章成功发表出来了，我在10月底的时候还看到了一个国际会议的征稿通知，当时我要写的这篇会议论文是英文的。我觉得对我个人来说压力是比较大的。不过等到12月底，我交了那篇英文的会议论文，实习也结束了，博士申请材料也都交上去了，我的压力就减轻了。等到放寒假，大家都在休息，我其实也没怎么看书写论文，说的考博备考也没准备太多。

等到3月份开学的时候，我就天天坐在图书馆里备考，那会儿还有毕业论文初稿的压力。我就先准备博士考试，3月下旬考完笔试之后，我第二天就立刻去写毕业论文，所以整个前半学期也是特别忙碌的。

笔试刷掉了接近一半的人，竞争压力小了不少。我那段时间看书研究老师的论文，然后看这方面的专业基础书。但其实这方面的研究才是博士需要的内容，考察的不是专业基础的问题，而是在这个方面研究的深度、研究方法这些东西，但是我学得比较浅，才一个月不到的学习时间。面试的时候，很明显我表现得特别糟糕，这倒不是说我发挥失常，而是说我完美地体现了我的低水平。最后面试成绩出来,我没有通过,还挺沮丧的。

有一天,名次排在我前面的同学联系了我,向我打听了一些学校的事情。联系了一段时间之后,她向我提到,她可能要放弃这边的名额,但由于她另外一个选择迟迟不能确定,她决定始终保留住这边的录取机会。经过几次反复沟通和努力,她找到了更为合意的学校,终于下定决心放弃这边的录取名额,因为我正好是排在她后面的一个,所以她放弃后我被顺利录取。

八、出国后的自我重建

我四五月份的时候因为被选中了会议的论文,可以出趟国。可是我当时准备去的时候,完全没有那种我要出国了的欣喜,其实那是我第一次出国,但我完全没有期待,因为我心里有特别多的事,我觉得毕业论文根本写不完,会议论文的事情在那时也没有准备太充分。但我真正到了国外后,那两天通过和当地的同学以及老师交流,我觉得非常开心,因为我有一种到了一个新环境的不同感受,而且给我带来了很大的文化差异感。

不管是在学术会议上见识的新鲜事物,还是我所遇见的人,他们全新的价值观,我觉得对我影响都很大!在中国文化里面,大家都讲究要出头,讲究要上进,自己应该做赢家。虽然我们嘴上讲过程很重要,但实际上我没有拿到那个结果,我竞争没有赢,我就认为没有被人认可,也没有人看到我。

我在大会上,就真的感觉自己是一个学术研究上的小学生。我做的研究很一般,这又是我第一次用英文去汇报我的研究,而且我那一组前面汇报发言的全是那种很知名的教授,但是他们都跟我说一些鼓励的话,我不知道是不是因为外国人很爱夸人,他们就跟我说:“我觉得你讲得很棒,我觉得你讲得非常自然。”然后问我:“你是第一次发言吗?”他们说觉得我不像第一次发言,因为他们自己也教学生,如果他们的学生出来汇报,他们觉得他们的学生做不了这么棒。

有人对我说好话我就很开心，而且是在这个专业方向上有地位的人跟我说这种好话，我就更加开心，不管是不是真的，反正我听到就很开心。后来包括开会过程当中，很多人问问题，或者表示他们对我这个研究的态度的时候，会用一种很关注、很激励的方式。他们会说："我觉得你这个研究真是太有价值了，我觉得你这个研究这样做真是太不容易了！"他们看到我研究的初衷，他们看到我研究的热情，他们看到我付出的努力，而不是去评价我这篇文章研究方法上哪里不严谨，我这篇的研究结果上还有哪些不足，或者说我这个逻辑推导他们没有听懂——人家不评价我的结果好不好，人家就是觉得我怎么这么棒，我能关心这样的问题，然后我这么热情，我做了这么多工作，就很了不起！

在国外，我交了很多朋友，大家对我都很好，我发现他们真的有不一样的价值观，我就问他们平时都几点上班，我其实只是想了解一下不同的文化，看一看他们的作息是什么样的。可是他们都说："我不在意这种事情，爱几点上班几点上班。"我当时忽然觉得，我想跟他们倾诉的烦恼都不值一提了，我有什么烦恼要值得跟他们说？谁在意这是什么事情？谁在意我博士考没考上？那么我为什么要在意呢？所以我当时就有一种解脱的感觉。我觉得我自己之所以特别在意某些东西，是跟其他人在意这些事情有关的。当所有人都以某一特定的标准评价我的时候，我就觉得这个东西很重要，所以就很痛苦。但我国外朋友们告诉我说，没有人会在意我哪一年读博士，我读不读博士，因为别人并不以此来评价我。渐渐地，我就觉得我好像也不在意了。我当时特别开心，我就觉得我这个人完全被打开了，我之前的心结差不多也能解开了，这段经历对我的价值观的影响真的特别大。

宋惠:一个农村女孩的奋斗历程

访谈者/邵丽丽 王泰　整理者/王泰

在祖国的西南山区,留守女孩的拼搏让人感动。

她用自己的努力,考上大学,换来如今的生活。骨子里不变的是她的信念,她决心要让父母过上好日子,要自强不息,用自己的努力实现自立。大学期间,她利用课余时间打工赚钱,是为数不多不花家里一分钱就能完成学业的大学生。生活中,她也不怕麻烦,迎难而上,丝毫没有妥协,她说:"等我在大城市打拼,有了一定的积累后,我一定要回乡创业,回报自己的家乡!"

一、乡下的童年生活

小的时候我就和爷爷奶奶一起生活,要问我为什么这么要强,可能因为我的奶奶吧!她虽然没什么文化,不认识字,也没上过学,但就是喜欢唱山歌。家里有三个光碟,她看着字幕每天都听,一个字一个字地学,不会的就问我或者我爷爷,她认识的字都是从这上边学来的。尽管奶奶没怎么上过学,但还是认识了很多字,可以说她充当了一个很好的榜样让我学习。在我的印象里,小时候奶奶对我比较严,时常扮黑脸,爷爷则是扮白脸。那时我比较皮,跟小朋友去河边游泳,然后每次奶奶都会拿着一根棍子在岸上等着我,其实也不是真打,就吓唬吓唬我,我长大之后倒没怎么打过我了。

爷爷是初中文凭,那时他是家里面学历最高的,我读小学时,除了拼音以外,遇到不会的都是爷爷教的,家里其他人的文化水平都不高。小学二年级的时候,我拿了第一名,是整个小镇的第一名,奶奶特别高兴,就奖励了我 50 块钱,所以我读书就很用功,得到的奖状就往墙上贴,成绩一直都还不错。小学老师布置的作业有时特别多,我认认真真写要写到凌晨两点多,第二天去交作业时发现好多人都没写,他们学习的劲头要比我小。班上学习好的还是女生多一些,男生可能比较贪玩,学习都不太好。但班上成绩好的男生可能会在六年级赶上来,反正也不学英语,后来数学方面开窍的话还是比较容易赶上的。当时我就给自己定了目标,比如说要拿多少张奖状之类的,最后发现自己的小目标不仅达成了,还多拿了几张奖状。我那时就希望以后能来北京上学,可能受教科书的影响,然后就是想着自己以后要去北京上大学,后来愿望也实现了。

爸爸妈妈常年在外面打工,一年回一次家,我经常和妈妈通过电话联系,但和爸爸几乎不打电话。我妈妈就是心直口快的那种人,她在工作的厂子里相当于一个小领导,总给人盛气凌人的感觉,有时候我可能会有点惧怕和她说话,她正常起来还是挺可爱的,爸爸还好。妈妈有时候善变,让人捉摸不透,说的话让人听起来非常的不舒服。现在我有点庆幸,还好我小时候和爷爷奶奶在一起,没跟他们生活。我爸妈他们功利心还是蛮强的,就是利己,别人的事他们不怎么想管,只要触及他们自己的利益,他们是不干的,基本上一直是这样。爸爸开了一个公司,有的客户从他那儿拿了货之后拖着货款,这就会让他感到很恼火,会有点儿暴躁,他工作上的压力还是蛮大的。周围人家的很多父母都是在外地打工,像我这样的留守儿童还挺多,毕竟我们那边前些年还是比较贫困的,后来就好一点。小学的时候大家的情况都差不多,也没觉得谁有什么特殊的地方。但当地教育是比较缺乏的,比如英语,我是初中才开始学的,小时候 abc 都是不会的。

上学的时候,有什么心事我也不会和爸妈说,奶奶又是比较传统的人,我和爷爷也不好说,当然也很少和好朋友们说,就一直这么憋着。我感觉我的自我调节能力还挺好,以至于现在的室友说我脾气好,从没看过我发火。大学那会儿周围很多人家的孩子都已经结婚了，我爷爷让我在学校不要和男孩子说话，不要和他们出去玩，学业完成前不许谈恋爱。因为爷爷对我的期望还是挺高的，家里面也没出过什么文化人，他就跟我妈妈说要好好培养我，要让我有出息，不管花多少钱都要培养出来！我爷爷就是这样，一直挺宠我的，可能因为我的父母不在身边，他就扮演着父亲的角色，而奶奶就有点像母亲的角色。

二、拼搏的青春

我从上初中开始就住校，那会儿我是班委，负责管理图书。有本书可能某个老师拿走了没告诉我，我就以为是书丢了，特别自责，觉得自己应该赔钱，可当时我是没有那个钱的，也不敢回家和家里人说。我爷爷知道以后，就跑来学校找我，给我钱，让我还了。还好老师把书还过来了，说书没丢，这件事也就成了虚惊一场。那会儿爷爷给我送钱，交通也不方便，他一路走过来找我，我特别感动。

班上时常有同学辍学，可能男生选择辍学的多一些，他们会去像广东、浙江这种沿海地区打工。因为我自己成绩还不错，老师也经常关照我，所以我也就没跑偏。我说的"跑偏"就是思想往坏处想，像早恋、打扮这种。作为一个女生，我当然也会注意打扮，但不像他们那样痴迷——攀比着装什么的。可能就是因为我对自己这方面的要求并不高，所以才能在那样的环境里生存下去！

初中毕业后，我考上了县里面比较好的高中，毕竟高考压力还是很大的。和其他人一样，反正离家都远，我就选择了住校。那时我还挺喜欢写作，每次考试作文我几乎都能拿满分，有什么事儿我就写下来，像散文一样记录生活，我还专门准备了一个特别厚的笔记本。不知道我那时的语文老师能不能读懂我的文章，但我觉得他可能不懂，我想表达的就是一种隐喻的内心的感受，像那些顽强生存的花花草草，受到挫折仍不言放弃的生命力，等等。比如我的网名叫"风飘絮"，就是文天祥写的那个"山河破碎风飘絮，身世浮沉雨打萍"里的飘絮,算是一种隐喻吧。在校期间,班上同学的家长来接他们的时候我多少会有些失落,可能与同学相比较而言,我更缺少来自父母的关爱吧。即便能够体谅父母,我多少还是会有点儿委屈,但这会让我更坚强,更有力量。我高考的时候爸爸来过,是他陪着我去高考的,其他同学就住在学校,而我爸爸带我出去住,希望能让我住得舒服一点儿。

中学时,有一些男生很少去外面玩,比较懂事,但是英语这门课还是女生成绩好一点,而且尖子生也都是女孩子。上高中后,男生在理科上肯定占优势,我认为数学方面男女生还是有区别的。女生的数学普遍差,但也有学得好的,一般女生就在数学、物理上拉分,化学、生物还好一点。当初我是因为数学差,理科方面的知识感觉学不明白,就选了文科,算是避开了自己的短板。

当时我的理科成绩比较一般,老师也不太看好我,说我勉勉强强上个二本就够了。分班考试的时候,我的成绩不太好,就进了那种二类班级,也就是人们常说的普通班,学校里好的资源都不会放到我们这儿。当时我觉得特别不公平,就一直想给自己争取,我就是想说:普通班怎么了?普通班一样可以出好学生!我比较倔,凭着这份不认输的心,我的成绩一直在提高。后来年级组长可能注意到我了,有一次他说:“你现在还是500多分,要考上那个好学校,至少得到600多。”这算是给了我一个目标。我曾觉得600多的分数是不可能达到的,但又觉得并非如此——别人可以,为什么我不可以?就是这种情感,激励着我一直在坚持,最后在普通班里面我是第二,全校排前十。反正我超过了一类班里的同学,我觉得这就是一种突破。能够被老师认可,以及在学校里的各种社团活动中被大家认可,我觉得这一切都是我挣来的。其实各种成功、光鲜的背后都有人为之付出了很多。高中大家都在拼命,倘若你要想迅速地上升,就要凭着一种精神做支撑,要往前走。我当时脑子里也没什么杂念,就只想着学习了。

高二我还加入了学生组织,担任文艺部长。我对乐器算不上精通,也就稍懂一点儿,我在小的时候会跟着爷爷奶奶学学,现在网上也有资源。当时自己也有点生活费,我会把存下的钱买自己喜欢的乐器,课余时间我会去河边人少的地方练习,我也算是有点儿特长吧。

报志愿的时候,我想去北京上大学,那会儿也不知道自己将来能干什么,所以我选专业的时候就定了课程比较多的工商管理,反正我对自己的适应能力还挺有自信的,觉得应该可以在这个专业学到很多东西,就这样定了!我以前挺想从事那种研发工作,想象自己是一名研发人员,但后来自己学了文科,也就与科研工作没什么交集了,我一心就想着学一些管理类的知识。慢慢随着学习的深入,我才开始思索自己以后到底想要什么。

我觉得中学那段经历是非常磨炼人心的,也令我相当有成就感。回顾高中的这三年,自己在这么大的压力之下,仍旧能顶住压力去拼搏,最后才实现了最开始的那个目标。总体而言,高中的学习生涯带给我的是一种勇气,就是不管发生什么,自己都会去尝试看看,尽管偶尔会怯懦,但绝不会退缩,我相信只要踏踏实实地前进,总会有收获的。

三、走出大山后的新生活

在我等来录取通知书的前一周,山洪暴发,我家又住得偏,这使我感觉自己离死亡线很近,当时我有个高中同学就没有躲过去。至少我是比较幸运的,现在想想那时的情况我仍旧觉得可怕。

来到北京我感觉像是到了一个新世界,因为之前从来没有在大城市生活过,我真的是白纸一张,什么都不懂。我喜欢笛子,在一个艺术群里认识了一个哥哥,他刚好也在北京,就说带我去天安门看看,我就跟着他走了。他还给我买了张公交卡,教我怎么出行,从那以后我就慢慢开始去探索,努力适应周围的环境,像个小孩子一样。我认识的这个哥哥并不是学生,而是在北京打工的云南人,他的家离我家还挺近的。当时我还和室友走得很近,因为在这个陌生的环境里，我就算出去也都是与舍友跟得很紧，生怕自己丢了。慢慢地自己在这方面也就独立一些了，可以说是想去哪儿就能去哪儿。

紧接着我加入了一个资助贫困生的组织，就是"驼峰"，我在里面还是比较活跃的，组织里的学长们都对我挺好，我自己的PS操作水平也还可以，平常我会为组织做做宣传、培训等工作，就留下来做了部长。

班里就八个男生，班上聚会也不多，同班同学相互之间可能都不怎么熟，也只有一个宿舍的女孩们交流比较多一些。我们私下里会聊聊化妆品、鞋子、衣服什么的，还有爱学习的同学之间会聊一些关于考研、出国这类话题，当然娱乐八卦也经常聊到。我肯定对物质方面有要求，还有就是希望自己能在学习上有突破，考托福、雅思，准备出国，拼命刷绩点，等等。我们宿舍其他女孩也都非常厉害，她们有的考证、考研，还有的喜欢追星、打游戏，但人家学习也不差。她们将来肯定都是人们口中的"女强人"。

四、与家人的联系

现在妈妈和奶奶都会用微信了，我们建了个家人的微信群，彼此联系起来还挺方便的。因为经济比较独立，我和爸爸的联系就稍微少一点。

我弟弟现在上高中，感觉成绩可能没有我好，不好说他能不能上大学，但我觉得他思想有偏差，因为他很容易屈服，向困难低头，觉得学习太难了。家里面对弟弟的期待又会高一些，因为家里看到我的进步，以及我所做出的种种努力，自然也会对他有要求。不过家里不太会有什么"重男轻女"的思想，我感觉在我家这种思想应该比较弱，没有像别的家庭那么突出。

家里面也没有给我什么压力，我在上学的时候都是放养的，和弟弟一样，家里都没怎么管的。弟弟初中谈女朋友，我跟他说要好好学习，但他就是满嘴答应，却看不见什么行动。他有段时间还不想读书，后来我和他好好谈过，他也想开了，我估计他只是一时冲动。可能因为我自己性格比较要强，成绩也不错，所以相对来说爸妈更关注弟弟的学习吧。因为我觉得自己没什么可挑的问题。

五、学习生活

首先是平面设计课，老师每次上课都会让同学上去讲，但是大家都不太主动。我基本上都会提前做完课件，每次都举手上去讲课，一边做一边给大家讲，然后期末考试，我发现那个老师给了我满分！真不容易，也不知是因为我的设计出色，还是因为平时表现好，这门课我得了满分，算是老师对我的认可吧。

再比如说我的数学不好，去上课只要盯着老师看一会儿我就瞌睡，即便如此我都没有逃过课。室友就会说我怂，说我不敢逃课，但我更不敢想象自己数学考试没过的场面。考试前有同学会问“有车你上吗”(指打小抄)，我说“不，我怂”。我觉得这背后是一个原则问题，我有自己的坚持。考研是要考数学的，所以我要认真学数学，当然我也在想一些不用考数学的专业。因为从微积分到概率论，我在大学期间一共挂了三科数学，就只能花更多的时间学习然后重修。说到考试，我数学成绩从小就不好，再加上自己平时经常去外面工作，回来比较累，所以没有心思去看书。班主任找我聊过我数学成绩不高的问题，对此我是觉得相比之下自己投入的时间不够，别的同学下课就去图书馆，而我一下课就去打工。

六、兼职让我经济独立

我觉得自己一直都比较独立，尤其是在经济方面！来北京的时候，我爸爸没有给我钱，学费什么的是我贷款交的，我直到现在都没让家里掏钱，生活费也是自己挣的。周末的时候，我还要跟着肖老师做公益，也会做一些平时在网上找的兼职。自己挣的钱在我还完每年的助学贷款后还能剩一些，基本上可以养活自己。班上很多人都会在外边打工、做兼职什么的，很普遍，但是像我这样能够达到经济独立的人还不多。

兼职单位的老板告诫我在学生家长面前要装得像有经验的老师一样，要有已经工作的成年人的样子。但是有一次中秋的时候，有位家长把我叫到楼下，准备送我东西，他说看我第一眼就感觉我是大学生，但我一直没有承认，还说自己已经毕业了。有空我也会和家长交流，学那些有经验的老师的用词啊什么的，算是学着自己去转换角色。经历过这事之后，我觉得自己还需要改变小女生的形象。工作中我也会与人产生摩擦，比如说我今天有事，实在不能去上班，跟老板请假，但是单位那边会推脱，说我就是不能不去上班。做家教时，家长就会抱怨为什么自己的孩子比其他小孩差，是不是我区别对待，家长也没有考虑自己孩子的个人因素，一味地怪在我们头上。工作的时候，我看到那些小孩子会想起自己小的时候，但他们比我的资源更好，时间也更宽裕，更自由一点儿。但是做家教嘛，我在孩子旁边催着他们学习的时候，有时会觉得他们很可怜。

现在我打工主要还是从事教育类的辅导工作。我自己有点儿怕黑，尤其是到了晚上，外面灯全部关了，或者是路上路灯昏暗，就我一个人，在这种环境里，我就会有那种害怕的感觉。每周五我会去通州那边准备第二天的课，那边会为我安排住宿。有一次就发生了一件很奇怪的事，那天凌晨1点多，我觉得有点儿口渴，外面都是黑的，我发现一个老爷爷从外面推门进来，就问：哎，你是谁啊？我赶紧开灯，刚好彭飞醒来，也就没有发生什么了。第二天有人说那户人家的孩子没怎么管他，这个老爷爷可能是半夜找吃的还是什么。还好当时我们是三个人住一起，一个男生一个房间，我和另一个女生各一间，他们都睡下了，我们可能是忘了锁外面的大门，门就这么敞开着，外面黑黑的，想想还是挺害怕的。

七、从学会化妆到审视女性品质

我在上大学之前不懂化妆，后来宿舍里有一两个比较注重自己外貌的同学都是每天早上起来化妆，我也买了支口红，就试着涂了去上班，老板还夸我化妆挺好看的，以后我也就一直涂了。那个时候我开始意识到，一个人的形象还是十分重要的，不同的形象就会给人不同的感受，所以我自己也会尝试着去改变一些东西。

当然我希望自己过得更充实一点，上学期教 PS 软件的老师，我觉得是一个有能力的女性，她具有掌控能力，而且具有学识积淀下的那种精神面貌和状态，这让我非常向往。上了她的课，我就有了考研的想法。初中的时候我就觉得女孩子应该要自立自强，还应该坚强；到了大学，我就觉得女孩子应该首先具备那种能够感染别人的气质，要具备属于成功者的一种傲气。一个成功的女性，她在内心应该是自由的，女性要拥有话语权，无论是经济上的还是精神上的话语权，我认为都是必要的。其中经济独立说得可能粗俗一点就是钱越多越好，至少女性在家里要能说了算，就要有家庭地位。

所以我从来都没觉得性别会是多大的问题，尽管我的老师也说过以后不管是职场还是社会上的确会有对女性不利的地方，我想了想这个问题的确是存在的，有些事不好改变，但是我觉得我做出努力了就可以了。

我现在的男朋友是东北人，和我一级但不是同一所学校的，他是学金融的。说到两个人的未来，有可能他会和我回贵州，但是如果在这件事上我俩有矛盾，我也会去尝试找到缓和点，不然就是看他那边的情况，我会多换位思考，不过我们现在还没走到那一步，船到桥头自然直。尽管之前我一直期待自己能成为一个比较独立的女性，无论在思想上还是经济上，但是我并不认为这会影响我们之间的关系，可能我们两个本身就比较独立，平时见面的机会也没那么多，都在忙自己的事情。我觉得是他对我的关心吸引了我，这份关心算是一定程度上弥补了我在家庭上的缺失。我也说不好选择他是因为感激还是对爱情的期待。

八、关于自己的进路

我现在的想法就是先考研,之后找一份自己喜欢的工作。关于考研,我已经不那么纠结了,我要补数学,可以的话希望能在成绩上再有所突破,如果这次期末考试我的数学真的没什么长进的话,我有可能会放弃考研这个目标,但在我还在努力的时候,我是肯定不会放弃的。工作的话,我想进入管理行业——既然学了那个专业。我也想尝试做设计类的工作,平常我做平面设计还不错,如果真的要从事这方面的工作的话,可能我还要再学一些软件的使用方法。还有就是要根据自己能不能很好地上手这份工作,再看看工资待遇什么的做决定,毕竟这是我生存的基础,也得看看这份工作有多大的发展机会。尤其作为一个女性来说,我觉得首要的是经济独立,再来是拓宽人脉,我觉得自己人脉不是很广,可能因为我不是本地人,熟人也不多,圈子还是很有限的,所以我觉得人脉是很重要的。我希望自己能够通过一些活动积攒人脉,和大家谈论一些共同话题。比如上课的时候老师让我们讨论,在自我介绍之后,就有人很快地记住了我,说因为我会设计,或者说他也喜欢摄影。除此之外,能留住别人的要素其实就是个人的人品,就像别人因为了解我,才会义无反顾地借钱给我,因为我不是那种借钱不还的人,所以说人脉就是建立在相互理解的基础之上的。如果一个人不靠谱,别人在接触之后可能就不太愿意去了解他了,我是这么想的。比如盼盼学姐,我就觉得她人脉广,就算我们之间很少联系,她有事找我的话,我肯定会帮忙,因为我了解她的为人,我信得过她。

各方面打好基础之后,我就要回家乡去把自己以前想做的都做一做,算是创业吧!我觉得自己的家乡有很多资源都没有被开发出来,比如一些传统的刺绣工艺、酿酒工艺等很少有人关注,能被大家知道的工艺寥寥无几。暑假去做社会实践时，我就发现当地筹建的一些景点和其他地方多少有些相似，没什么新意。我的小梦想是成为肖斌导师那种人，他就做了一个很好的榜样：自己成功之后回报家乡。我希望自己能在毕业后10年以内，不行再延长5年、15年以内，实现我的目标，到时候我也差不多三四十岁了。

我在自己成长的路上一直在不停地寻找榜样，不管是在学业上还是生活中遇到的老师、学姐学长，都可以成为我的榜样。我希望找到自己的目标，不断前进。

邵娜：心怀创业梦想

访谈者/邵丽丽 王泰　整理者/王泰

> 邵娜从小就在北京长大，和很多北京孩子一样，她在成长的过程中没有太多的负担，一直有着自己的主张和想法。尽管高中的住校生活使她出现了少许的不适，但她很快就适应了。访谈过程中，她始终表现得乐观、向上，是一个有理想的女孩。课余时间她与朋友一同创业，经营着校内的水果生意，不断地积累着经商的经验，也将自己的所学运用到了实践当中。她自己也说对未来很有信心，在自己的规划中，她创造着属于自己的明天。

一、萌生创业念头

我家是怀柔的，我是在农村老家上的幼儿园。我住在县城，一直到三四年级都是奶奶在家带着我长大的。为了接我上下学，奶奶就住在家里，等我大一点儿不用接送了，我就自己和同学一起回家，从学校到家也就十几分钟的路，一点儿都不远。爸妈也很忙，我就经常一个人上下学。

我意识到自己有比较强的内驱力可能就是在我上中小学的时候，具体时间我也记不清了。那时候周围的亲戚生活条件还都挺好的，姥姥身体不好，出过车祸，走不了路，我妈妈那时还没参加工作，就一直在照顾她，结果错过了工作的机会。亲戚也都没怎么帮忙照顾姥姥，就因为这个，有一次在饭桌上她和亲戚们闹得特别不愉快，我妈总说要以和为贵，不跟他们计较，但我是不想让我妈受这个气，所以就想好好学习，我就是要证明给他们看。

那时我经常去我哥哥家吃饭，他比我大三岁，我们经常一起看看新闻，看到财经新闻的时候，我就觉得：这还挺厉害的。新闻里提到有个叫什么卡的墨西哥人，家族企业传到他这儿好像已经是第四代了，可能我们不太清楚，但是你肯定会用到他们家的东西：通信啊、汽油啊，这个人在各方面都还挺厉害的。那年他比比尔・盖茨还有钱，当了一届全球首富，我就觉得他很厉害，感觉经商这件事应该挺好玩的。从那以后，虽然天天要上课，自己也比较乖，天天在写作业，但我也和家里说过我想经商的事，父母就觉得我现在应该好好学习，这么小别想太多！就因为感觉跟钱打交道比较有意思，后来我就一直想着等以后落实这个计划！毕竟大学阶段我会比较自由。

中学那会儿我也早早就和父母说清楚了，我一定要学商科，不管是学商科类的什么专业，会计还是金融，我就一定要走这条路。虽然爸妈可能不太愿意我从事这个行业，但是我就是喜欢。

二、剖析自我

我上大学的目标是比较明确的，以前自己也分析过，觉得自己脑子也不好，不太爱说话，就算当兵也不行啊，离家远，当然家里也不会同意的，我也不能吃苦。最后想想我还是挺希望实现财务自由的，之所以有这个想法，无非就是想保护自己身边的家人、朋友，想变得强大一些，于是我就决定走这条路了。

高中的时候和同学聊天，我就说我以后肯定要学商科，学商科还能认识很多同学，之后可以跟我们一起做生意。比起金融，我个人还是比较喜欢那种看得见、摸得着、踏踏实实的感觉。一个国家要想有所发展，必须是经济先要发展起来，其他的会自然而然地好起来，经济是基础。所以那会儿我也多少意识到自己可能需要找一些合作伙伴，于是我便开始有意识地去积累自己的人脉圈子。关于创业，很多时候都是还没有成事，一开始人就是通过你平时的表现、日常的点滴，看你这个人到底怎么样，进而形成一个信任的基础，接下来的工作才会比较顺畅和方便。

所以我一直觉得钱是一个发展的基础，有了钱你可以做好多事情。我记得还有一次，我妈带着我出去逛街，我就在一个柜台边看着那种给小孩子戴的亮晶晶的珠宝，都没有人过来招待我，我爸妈说我穿得太寒酸了，是不会被招待的。不过那里的珠宝确实挺贵的，一个项链就十几万，但是好看啊，女孩子还是会比较向往这种首饰的。就像平时我妈她们在家里聊天说出去玩，就会担忧说经济条件不太好。像我妈就一直特别想去法国，当时她肯定请不下来假，就算有假期，因为他们这种工薪阶层都是赚死工资，如果她请假就没有收入，吃饭就会成问题。我是觉得追求钱没什么不对，但我不希望被它奴役，不要仅仅为了挣钱而努力，我明白这里面是有一个价值存在的。家里当然不会给我这种压力，她们不会说的，但我自己觉得有点压力是好事。人有一定的经济基础，可以比较自由一些，然后才能谈到再去发展一些自己的爱好。

三、在大学尝试创业

大学里我们宿舍的同学之间关系还挺好的，几个室友都是比较大大咧咧的人，不太在意细节，虽然有的人偶尔也会有一些小情绪什么的，但是三观还都比较正，就是你和对方讲清楚、解释明白，也不会产生太大的误会，一般大家有事儿都直接讲出来，没什么弯弯绕的。

刚开始我参加了学校组织的一些活动，想慢慢积累一些经验。当时要接待企业时，学生部的部长都会教大家要注意什么，比如来多少人、怎么来、着装要怎么注意、停车证怎么打印，等等。也不知道怎么了，每次到我这儿就很容易出现 bug。之前我们接待一个企业的时候，学校不允许把宣传用的易拉宝摆出来，摆在教室过道都不行，我们负责接待的企业也是搞信息技术那块儿的，来的人不多，但对方就觉得宣传不到位。我问过值班老师，老师说可以摆易拉宝，但保卫处不让，我们也没办法，最后弄得企业的人也很不高兴，路上还跟我说以后再也不来我们学校了。这就让我觉得很委屈，觉得是不是自己做错什么了让别人觉得自己的学校不好，等等，我会有点儿无奈。

后来我参加了学校的大学生创业项目的竞标活动，上学期刚开始的时候，我被安排在了事业部，事业部相当于一个外联部门，我觉得正好可以利用这个机会去谈一些赞助，接触一些企业，和里面的人聊聊天什么的。下学期“创客”招标，我们就开始做“大科创”，正好我们又做了一个奶茶店。今年到 7 月底事业部就换届了，我还想接着弄水果店，我感觉自己有点儿闲不住。

之前我们就是一个团队，我虽然学的是会计专业，但是一开始我就想试试人事这边的工作，我做了很多尝试，感觉还是很有意思的，我在和人打交道的时候积累了很多书本上没有的东西，这些收获可能更多的是一种经验吧，还有交流的技巧。后来之前的店长要准备雅思和托福考试以便出国，就把店转给我了，我接手的时候特别慌，虽然以前想过要是她走了自己该怎么做之类的问题，但是到真正接手的时候，我反倒没那么淡定了，我会发现还有很多小事需要解决，这些事会分散我的精力。我之前以为当店长就是指挥下面的人该干什么，没想到还得跟进员工的工作，包括进货、研发等，仿佛这家店离了店长就很难运转下去。后来我还是回来做水果店了，对我来说经营过程中遇到的财务方面的工作是最难的，比如有很多财务相关的表格比较抽象，不太好理解。

后来我一点儿一点儿学习，柳城会带着我们梳理工作，然后划分谁应该做什么事，他和我男朋友在管理工作人员的时候，都是一种风格，就是提前把这个事给你梳理清楚，然后讲清楚逻辑，再安排你去做。其实想想我自己也能干，但是我觉得自己之前的管理比较混乱，我做事的逻辑性不好，不是特别有条理。通常我会有一个大方向，比如开一家店，但具体我并不知道要开什么店，或者我知道开什么店但又不知道接下来应该干什么工作，好像我的前方有那么一个离我特别特别遥远的东西，我朝着这个方向前进，却在这条路上走得歪七扭八往的。

我自己也想过这方面的问题，可能是因为我手边的事儿比较多，精力上顾不过来，所以一直没有解决这个问题。还有就是我比较乐观，能坚持做事，最后也就把手中正在做的事坚持下来了。尽管边上学边创业特别累，但是事情一旦开始做，我就想把它做完，除非是遇到租金到期了不续签房屋合同这种特别的情况。在计算水果店的盈收情况时，我们除去税后，净利润额为 9 万元，营业额是 40 多万元。最后我还是觉得团队是很重要的，但个人的内在驱动力同样重要，如果一个人真认同自己正在做的事的话，自然就觉得再辛苦再累也要想方设法地改进，会想把这件事做好。要是循规蹈矩，只做眼前的事，我们很可能就会放弃自己想做的事。

四、我的近期打算

我现在正在经营的这个水果店，合同的有效期刚好为一年，等我和同学的合作到期以后我准备考研。我在创业的过程中感觉自己知道得确实太少，眼光有局限，自己接触的东西不多，学生气很重，我的待人处事的方式可能在学校还行，但出了学校就未必合适了。我未来想从事的职业方向是咨询行业，倒不是说这个行业高不高薪，我在意的是它会让我接触到不同的人，我就能听到很多不一样的见解。因为我们学校现在还没有这个行业相关的专业，我就想以后考个法学专业学位，这样工作起来会比较顺手，自己创业也不太容易被骗，如果没有法律意识是很容易陷入各种纠纷的。所以我的想法是毕业以后我先在咨询行业待个 3 到 5 年,好好积累经验。

五、创业以来的小结

刚入学的时候,我就想着自己能不能做出一些和别人不一样的事情,因为我有一些想法,希望能和志同道合的朋友去实现它。因为那时候我就想创业,所以打算提前为了创业打好基础。现在我是觉得自己在做的咖啡店的项目虽然做了两年,听起来挺风光的,但是只有自己最清楚其中的艰辛,我对咖啡的了解,对店里面的运营管理,还有团队管理,就是学了点皮毛,还是远远不够的,要学的知识还有很多!那时候我就像婴儿刚学会走路,随便扒一扒就以为自己学会走的状态,觉得自己好像爬得很快看起来就会像走路一样,但当我真的站起来走了,就相当于完全被扔到社会上,自负盈亏,没有人给我兜底,这其实是令人倍感压力的处境。开了水果店后,我会事先分析竞争对手,了解一下对手的基本情况,比如他们的价位、水果质量、销售搭配、折扣处理、线上运营情况等,了解他们到底是怎么把商品卖出去的。我还会做一些市场分析,因为在做创客的时候,我的项目还是偏理想化的,我的水果店已经处于一个比较垄断的地位,再加上位置不错,放在教学楼里就会有顾客光顾,所以连宣传都省了。说得极端一点,我感觉自己躺着都能挣钱了,只要花钱别太过分,我们基本上就是在赚钱的状态,但是实际上以我们现在的收入,面临着担心人力的工资发不起的压力。

我现在就是想把心态归零,将过去的一切都放下。可能之前受到家庭生活环境的影响,我会有点儿自卑,但是后面通过自己的各种尝试,我也能拉到赞助,经营店铺的时候还觉得自己挺厉害的,也不比别人差。现在我就想把手里的事做好,把这些事梳理清楚,深入地去了解一个公司或是说像这种小商铺究竟应该怎么去经营,而自己作为管理者又应该站在一个怎样的角度思考及处理问题。通过自己的反思和学习,我希望自己把该做的做好,经营好这个小商铺，然后再在这个基础上去提升自己。

六、我眼中男生和女生

平常可能没觉得什么，但有的时候我会意识到“我是个女孩子”，比如和家里一些大人在一起时我就会提醒自己，“我是女孩子，应该要收敛一点儿”，不然会让人觉得我有点儿轻浮，这种印象不太好。我感觉好像现在的社会都比较喜欢端庄、内敛的女孩。但是同龄人之间就不会这样，大家都差不多，彼此相处起来也不会有什么顾虑。总的来说我父母并没有对“我是女孩子”这件事有过多的要求，我们的家庭氛围比较自由，就是原则上你只要不干违法乱纪、缺德的事，自己选择想去做的事就好了，自己想做怎样的人自己来决定就好。我和两个哥哥(堂兄妹)性格就不太一样，他们可能偏内向一点，而我就比较外向，我们刚好和社会期待的性别特质反过来了，就算这样我家里也不太在意，反正我爸妈就我一个孩子，我长成什么样爸妈都喜欢。

我觉得男生跟女生到一定的时期会有一些变化：小的时候男生女生一起玩，大家特别开心，也不太分性别；初中、高中进入青春期后，男女之间开始渐渐分离；大学的时候，我们的性别观念又开始变得模糊，觉得好像没有那么在意彼此性别的差异，不过也有女生跟女生玩、男生跟男生玩这样的情况。像女生的话也都有过早恋的经历，反正男生女生的成长很神奇。女孩子小的时候在家里会被管得比较严，后来有机会了她们就开始慢慢放飞自我；男生可能在小时候不太受家庭的约束，后来他们也就没什么太大的变化了。

比如说我室友，她一直特别乖，从不会对爸妈说谎，不会乱跑，她一直是文文静静的样子，但是她在大学里突然一个人跑到上海去看演唱会，也没和爸妈打过招呼。当时她意识到了自己需要这样做，然后就去做了，她可能不再听爸妈的话，这也算是在大学里得到了释放吧！说到我自己，其实我一直都很叛逆。男生好像一直都是这样，小的时候不管怎么样他们都会去做自己喜欢的事，相反女生可能还不太有机会去尝试自己做决策，所以这些尝试会等她们长大了再去做，因为这种自我意识的萌发比较晚，也就有了一些女生后来的“自我放飞”。

我可能一直都在做一些旁人不能理解的事。比如说我今天要是特别想出去玩或者怎么样，爸妈不许我去，我会自己就走了，我妈妈对此也特别无奈。初中有一次跨年，那天我特别想看太阳升起来的景色，就跟我妈说我想出去，我妈说你大半夜的干什么呀，她不让我出去。反正看日出的地方距离我家也不远，就在附近，我想拍点儿太阳升起的照片，家里这边的楼太高看不见日出，最后家长也管不住我，谁让他们提倡自由教育呢？那我就自由去拍照了。

还有就是我自己是那种决定了就不会改变想法的人。其实高中的时候我去怀柔一中读书也挺好的，但是我当时就想去北京城里上学，想往外面考，最后我还是去了通州的潞河中学。我爸妈就会觉得孩子没留在家里而是去了别的地方上学，幸好我们那边没有大学，不然我又会被他们留在家门口上学了。我想我都这么大了，得出去走一走看一看，不能老是留在自己熟悉的地方啊！在那个学校大家都住校，好多同学是初中直升上来的，他们初中就背新概念英语，所以高中的英语成绩也好，他们都不怎么看英语，考得还很好，而我却连写单词、背单词都不行，后来我就给爸妈打电话说我这个成绩跟不上怎么办……没想到他们还挺高兴的，说那你就回来吧！他们连我转学的学校都替我找好了。我高三考完了也没回去，没多久我也就适应了这种生活。

上大学之后，可能我们学校的女生比较多，我并不会觉得男女生有什么差别，可能不同学院的学生对男女差别的感觉会不一样，我也没觉得男生有多好、地位有多高。有一次我要做一个程序，需要同学帮忙，信息系有一个同学就找人帮我，我觉得太麻烦别的同学了。她说没事，我们学院的男生只要听到有小姐姐需要帮忙，他们都会做的，因为我们院根本看不到女生啊！甚至也有的女生看不上男生干活，觉得他们还不如女生做得好。

七、一个成功的女性创业者的形象

我觉得她应该是两眼有神，身形有点儿消瘦的感觉，因为她可能会比较辛苦，吃苦带来的压力或许会使她消瘦吧。也许她不怎么高，但是踩着高跟鞋、穿着职业装走过来的时候，就会给人一种特别自信、只有她自己能够掌控局面的感觉。她处理事情也会比男人更加有条理，同时她会带有女性自身特有的细腻品质。

相比而言，我天生可能会比较敏感一点，看事情比较细，这种细致应该有利于我观察并发现商机，我在观察时可能也会投入一些女人的直觉在里面吧。我的缺点的话可能就是性格有点“软”。比如之前的“创客”，当时我已经觉察到团队里的 A 不适合留在这个岗位了，但还是忍不住想要再给他个机会，而且他已经跟了这么久了，我不好意思让人离开。我就这样想了好久，直到他犯了特别严重的错误，我不得不做出处分的时候才让他走。所以说这个过程是特别消耗精力的。我还感觉自己的知识储备不足，所以我的情绪显得比较脆弱，有时候我就容易激动，不够冷静，这种情绪化的表现也是非常不好的。

在我看来，女性创业者分为两种，一种是能力很强，会让别人觉得她很高冷不太好相处；另一种是她能力强，但又会有一种女人的天性，让人觉得很亲切，会让周围的人觉得自己跟她没有什么距离感。男性其实也差不多，会有看上去不那么好相处的类型；也有张弛有度的类型，这种男生就是玩的时候很嗨很哥们儿，工作时又很认真的那种人。女生与男生之间就是会有两种类型的相处模式，一种像姐妹一样，一种就像兄弟一样。我自己可能比较偏向于男性之间的相处方式，这可能和小的时候我经常和哥哥一起玩有关系，我会显得比较男性化一点，我就觉着这种相处方式会比较舒服，没什么特别要注意的地方，而女性之间相处起来就会敏感一些。

八、面对未来

关于未来,我可能和男生谈的时候多少会涉及一些这方面的内容,女生之间则通常不会直接问“你以后想干什么”这种问题。我现在就是打算考研而已,以后我可能还会进一步想想我为什么考研、在这之后我还会有什么打算,等等。

说到法学专业考研,我觉得需要背的东西还是很多的,可能从现在开始我会涉猎一点儿法学知识,先看一看,毕竟这种背的东西就是越熟越好。还有就是我感觉法学知识学起来可能会比较枯燥,如果能够把它和生活中的一些实例联系起来,我可能会记得更牢一点儿。我认为法律肯定都要根据事实制定,所以如果我能够联系现实生活,理解起来就会方便很多。我在看完法学课本之后做别的事,突然想起来什么思路就会试着去建立一种知识与现实的联系,这个方法一直都挺好用的,所以我习惯这样想问题,这种思维习惯倒不是因为我的创业经历而形成的。可能别人在学习的时候也会这样思考,但他们或许没有深入挖掘知识与现实的深层联系。

九、一次商谈引起的思考——生意人的价值观

我在和一个同学谈场地的时候,一开始感觉还不错,但后来我们就觉得可能“饼”画得太大,实际上我们连“面粉”都没有。别人会和你说做某某生意未来的前景有多好、发展空间多好,但当你真正去坐做的时候,就会发现最后买“面粉”的钱还得自己出,然后别人才能“烙饼”。我当时想怎么会是这种情况?实在太过分了,所以也许当一个人慢慢经历一些事情之后,他就会知道应当如何去分析一个人,而这可能是我们将来需要去经历的事情,或许将来遇到的情况会更复杂。就像粉丝效应一样,我们把自己打造成一个品牌,然后吸引一些粉丝支持,我们其实不知道自己做得怎样,但当人们口口相传的时候,我们看

起来就好像做得特别好。商业模式有两种，一种就是这样，还有一种是扎扎实实一步一步往前走，可能这两种商业模式最后都会让人成功赚到钱，只不过我觉得商业模式的选择反映了一个人的价值观，我是认为人事都是有因果的，如果你今天做了对别人不好的事，明天肯定会有人用同样的方式对你。所以我就是想坚定自己的信念一直往前走，然后一步一步慢慢来，我相信这样做一定会有好结果的。因为我做东西比较看重名誉和口碑，我可以赔钱，就算打碎牙往自己肚子里咽，但是我的良心要过得去，我不能去坑别人。在很多企业的发展中，主要领导者的行事风格会影响整个企业的风格，单位也是如此。

做任何事都要先迈出第一步，我们从做事中去学习真的就会渐渐地成长起来，其实一开始大家都不太会经商。你不卖吧，别人卖了，你就很被动；如果是我先卖，商品不合适了我可以再调整，当别人开始的时候，我可能已经调到第三次了，总归是比晚卖的商家要好。我能够在几次调试中达到一个不错的状态，对方再怎么完善，终究不及我调试过的状态，这中间是需要反复钻研的。

还有在团队中主要决策者之间的沟通也是很关键的，我倒没觉得女生作为主要决策者与其他人沟通会有什么不适，毕竟一个人的思维是有局限性的，沟通的本质也是相互学习。

社会上对女性还是存在偏见的，我感觉 90 后就好一点。以前人们会觉得女性不顾家是一件不太好的事情，人们总会认为女性应该把重心放在家里，包括我爸妈也会说：等你以后找了男朋友，除了忙自己的工作，还要多照顾家里边……但是我们这一代年轻人会更加开放一些，不会再像以前那样认为女性就应该持家。对我来说社会带来的性别压力并不大，尽管在最开始的时候，别人会觉得我是个女生，不太看好我，但当我真正开始做事之后，我能做得出色或者更能吃苦，机会对于男生和女生而言便都是一样的。而且女性身上会有种韧劲儿，女性做事也会让人眼前一亮，反正我做事是不带什么水分的。

阿叶:回不去的家,回不去的乡村

访谈及整理者/殷慧娟

一、家庭

“妈妈总说我们是不幸的。”

阿叶出生在一个普通的农村家庭,早年的时候她的家境在村中算是不错的,他们家和大多数农村家庭一样是多子女家庭,她还有一个哥哥和弟弟。然而当爸爸遭遇了一场大病之后,虽然最后并无大碍,她却意识到了一场变故对于农村家庭意味着什么:意味着难关一直度不过,意味着他们要遭受“一直的不幸”。阿叶的妈妈也是很传统的农村女性,很坚强。阿叶认为妈妈对她的影响很大,“我妈总是给我灌输一种观念,就是她老说我们活在泥坑里,这种感觉就像是我们掉入了马路中央的一个洞里。我们很不幸,她一直告诉我,我们很不幸”。阿叶也知道妈妈很辛苦,所以她不能有更多的要求,她从小就是有什么事情都不会对别人说。“(我不会对父母说)我想要这个呀想要那个呀,我有事情跟你说呀。”她很少有交流的欲望,而且因为是女孩子,她觉得自己应该更懂事。妈妈也很少带她去邻居家玩。“我妈就觉得小时候我们很苦,她很少带人串门,也很少去我外婆家。我妈她每天是什么情况呢,她早上去上班,一直到晚上回来,中午会回来吃一顿饭,晚上又要弄家里和园里的事务,乱七八糟的琐事,她也没有时间做其他的事。她每天都很忙,也不会带我出去玩,带我出去干吗呀,她老觉得自己比别人低一等,我妈太要强了。”她和爸爸也很少交流,“虽然我爸也很想表达自己的想法,但就是难以开口”。农村里的父亲似乎都是沉默不语的。

“我想过,如果考不上大学我就去死。”

在农村有一句老话,“不好好学习就去种地”。这代表了农村人对读书的看法,也表明了在他们的意识中,农村孩子如果不读书就只能去种地。虽然实际看来读书与种地并不完全对立,但这是农村人的实际看法,如果孩子以后不想种地,那么他们就要好好读书,这便是读书的目的,如若不好好学习,那他们依然无法改变面朝黄土背朝天的命运。阿叶的哥哥和弟弟学习不好,这就意味着她成为家里的唯一寄托。“我哥和我弟都是小混混。”这样,阿叶就成了妈妈的精神动力。“小时候我在她言语的影响下生活,就好像真的是,我不好好学习,上不了学,天就塌了一样,然后我就会无路可走。”妈妈认为阿叶最重要的事情就是学习,花时间和村中人交往是没有用的,她应该将精力都放在学习上。“你有时间就学习吧。”阿叶也是听着这句农村老生常谈的话长大的,“家里人就说如果你不好好上学就只能出来种地啊。”家庭给我的压力特别大,“我只有上学这一条路,我后退的话,后面全是深渊,我退一步就掉下去了,当时我就觉得生活为什么这么艰难。我真的是无路可走,我甚至想过,如果我考不上大学,那我就去死。”这种感觉在阿叶初中的时候最强烈,作为家庭唯一的希望,她也认定考上大学是自己唯一的出路,别无他法。

二、求学

“有时候我就觉得,我的人生是被毁掉的。”

带着“不好好上学就回家种地”和“咱家很穷你要好好学习”的心情,阿叶一心一意埋头读书,成绩也一直都不错,但她不太想回忆初高中的那段日子,她觉得很累,但这种累并不是指身体上的疲惫。高中的时候,她开始严重失眠,害怕考试,她每日直到凌晨 3 点也不能入睡。“在家在学校都是这样,我去学校心理咨询室咨询过,也不管用。”妈妈的话始终都在她耳边回荡,“我妈老是说你连别人的一个小拇指甲都比不上,我不知道这是什么意思,但是我觉得这给我带来了挺大的心理阴影,她过于想改变我的命运,所以她老是说这种话，好像就是喜欢抱怨我跟别人不一样的现状，她会很羡慕别人。”这是妈妈想要改变命运的心，阿叶说她总是有心理阴影，觉得自己和别人不一样，自己在担负着家庭的唯一希望。在学校里她也是一个不喜欢讲话的学生，喜欢坐在不起眼的地方，因为看不到别人，她也就没有那么焦虑。而现在想起那种“一上学就找到好工作，从而改变命运”的看法，阿叶不置可否，“有时候我就觉得，我的人生是被毁掉了的”。

“大学不那么强调学习了。”

来到大学之后，阿叶感到很不适应，因为大学是一个不那么强调学习的地方。她发现自己倾尽心血并看重的东西只是别人生活的一部分。他人的生活流光溢彩，“人家会参加各类比赛，但我发现自己什么都不会。”这让她更加讨厌自己的初高中生活，觉得它什么都没有带给自己，反而是给自己的心灵扯了一个很大的裂缝，“它让我一心一意只埋头读书，等到我进了大学才发现人生不应该是这个样子的，我所有的青春，这么多年的努力都废在了那些到了大学就没那么重要的事情上了。”自己多年来唯一关心的事情——学习——不再那么被人看重，她体会到一种努力“付诸东流”的失落感。“高雅艺术从来没接触过，我真的是什么也不懂。”阿叶提到自己为什么不喜欢文学，其中的一个原因就是她从小看书的机会很有限，在她的妈妈看来，这些对学习一点用处都没有，“她觉得女儿只要考好试，只要学习成绩好就行了，那些都是闲书。我的第一本课外书是在三年级还是四年级买的作文书，是老师让买我才买的。我以前从来没买过书，我们家里没有任何藏书。我从小接触的文学材料很少，我们家没有读书的氛围。”而且，阿叶发现，虽然自己在农村长大，一些方面的知识和技能与别人相比有所欠缺，但并没有很多人会对此给予宽容，人们做到感同身受总是很难，“他们可不会这么想，不会在乎你有过什么经历”。她觉得这是一件残酷的事情。

“它带给我一种屈辱的感觉。”

阿叶坦承自己不喜欢文学或艺术的一个重要原因是，她在这方面的弱势给自己带来了恐慌感。“上大学的时候，我们宿舍一个女生看过很多的书，她的气质跟别人是完全不一样的，我当时就觉得为什么我们都一样上初中上高中，人家就读了那么多书，我就没有那个积累呢？所以她通过读书积累的气质就让我觉得自己什么都不行，于是我又开始心理焦虑。”阿叶说自己并不是不喜欢这些东西本身，而是它们让她感到自己处于弱势，从而产生了排斥心理，“其实这是一种抵抗，是一种变相的抵抗，我很讨厌这些东西。我讨厌的并不是东西本身，而是它带给我的一种屈辱的感觉吧，屈辱这个词用在这里可能有点过了，但是这种东西的确让我心里不舒服，于是我会抵抗。”在意识到有些东西难以企及之后，阿叶开始明白，这不是短时间内可以改变的，于是“我就不断调整自己的心态，不断写日记，告诫自己怎么去认真地看待自己”。她觉得自己还是要将自己的专业学好，这么多年过来，自己也还是要强的人，“这也促使我想要在自己的专业学习上更努力，因为我还是比较要强的，毕竟我在高中的成绩还不错。那我就好好学习专业课，如果我在这方面很优秀，也是让我认同自己的一种方式。”把时间和精力投入自己的学业上，她也找到了弥补自己弱势的方式。

三、返乡

（一）在乡村：与家人

1.有时候其实我挺受不了的

阿叶在回到农村后感受到的冲突也很明显，首先是她与家里人的冲突。有时她和妈妈的对话无法进行，当妈妈说些家长里短的事情时，她不感兴趣。“我妈要跟我说那些家长里短的事，我就说行了行了，我不想听。”而她自己想说的内容也同样得不到对方的理解，他们在很多事情上都难以沟通，也找不到方法，都觉得难受。“我就觉得他们太不尊重我了，说我学的东西没用，当我用我学校那套东西去给他们解释的时候，他们否定我的观点，我特别生气。我在家的时候，大几记不清了，我就觉得他们那么支持我上学，按说我学的东西是有用的，但当我真正把这些东西拿出来说的时候，却被他们那样冷嘲热讽，这让我觉得很委屈。当然我知道他们看到的都是形式上的东西，他们根本就不关注我学的东西，我弟有时候就会表现出，“啊，就你学的那一套啊”，那种完全很鄙视我的感觉，我其实有时候挺受不了的。”阿叶用所学的知识去解释一些东西的时候，就会发生这样的情况。有时她向弟弟讲一些自己的想法，他会觉得很讨厌，“他会觉得这种想法就是脑残的人才会有的，会觉得我有病。”阿叶的书生气很浓，事实是，她用自己所学的知识和家人顺畅地交流的可能性很小，而家人谈论的事情也不是她想听的，于是他们之间便会出现无法沟通的情况。

2.他们说的谁我也不知道

观念的冲突让他们的交流无法进行，虽然他们彼此都是亲近的家人，但即便是同妈妈，阿叶也很少交流，与哥哥的交流更是几乎没有。“我跟我哥可以都坐在车上，不说话。我们不知道该怎么交流。而且现在我离他们越来越远，我从初中开始就去我外婆家住了，我妈觉得我们家环境不好，就让我去外婆家住。我高中又住校，所以我们彼此越来越难交流。”阿叶觉得是因为自己上学和他们走得太远了，各自的经历都没有重合的地方了。家人所关心的家长里短是阿叶不想知道的，“我后来就觉得如果我妈跟我聊这种事情，真的好无聊啊。”阿叶已经不知道他们口中所说的人是谁，“我的沉默一是因为我不感兴趣，二是因为我也不知道他们说的谁是谁。我一脸茫然，他们正在讨论谁呀？我又不认识。”她也觉得这么多年来自己和乡村的生活有些脱节了，以致家里人谈论的人对她来说很陌生，也就更不知道该怎么插话了。

(二)在乡村:与他人

1.我在这个村那么多年,还不如“外来人”

阿叶是一个对农村怀有感情的人,对于这一点,无论是从与她的对话中还是她自己的言语中都能明显感受到。但她在回到村里之后却很少和这里的人说话,这其中的一个原因是她已经对村中的人物关系不熟悉,在这一点上阿叶还不如后来嫁过来的嫂子,“我嫂子说,你在这个村生活了那么多年,还不如我一个外来的。”阿叶在村中认识的人已经不多了,还不如自称“外来人”的嫂子,“生活了这么多年白生活了”。阿叶能叫出名字的就只有她本家的人,“我除了我大娘二娘大嫂二嫂,就我们那个大家子里的人还能叫出名字,再往外的人我都不清楚谁是谁。”阿叶对这些名字已经生疏,对村中的辈分和关系更是不甚明了,也就更谈不上与村中人交往了。假期回到家乡之后,除了见一下曾经的同学,其余时间阿叶基本上都是足不出户的状态。从某种角度来看,她已经成了这个地方的“外来人”。

2.他们在那儿说,我就听

阿叶不喜欢走亲戚,去了也不说话。“反正我也不大说,他们在那儿说,我就听着。”阿叶看见舅舅他们这些亲戚之后也并没有觉得非常亲近,仿佛自己与他们不是一个世界的人。“他们问一句,我就答一句。”如果说与长辈之间的沉默是代沟的结果,那么即便是与同龄的表弟表姐,她也几乎没有交流。与留在村中的年轻人在走亲戚时积极交流的状态不同,这个时候,阿叶仍然是处在一种置身事外的状态,而村中的年轻人已经将自己看作乡村的一员而主动维持与外界的各种关系。对此,不管是他人还是阿叶本人都习以为常,“阿叶已经不属于这个地方”已经成为一种共识。

(三)看乡村:我有一种情怀

尽管在回到故乡后,阿叶已经或主动或被动地成了一个“局外人”,但面对从小生长的这片土地,她仍然满怀深情。“我对弱势群体和底层人民一直有一股很强烈的情感,我好像是从上大学时,就已经萌发了这种情感。”这种面对底层心难安的情怀让她一直都关心着这群人,“其实我有一种情怀,就是我挺想为这些人做些什么的。”这些年的读书生涯让她逐渐知道了为什么农村孩子会处在弱势地位,知道了弱势的人在竞争中是如何处在不利位置的,自身的经历让她想要找到这些问题的答案,让她也想继续了解,甚至想要改变一些人的命运。她一直都想参加支教活动,或许因为自身来自农村家庭的背景,她负担不起这种奉献,但她也一直在以别的方式表达着自己对乡村这片土地的感情,她也一直想要知道自己如何才能让原生的伤痛得以平复。

小 结

在周旭的故事中,父母亲分处两地,她往返于父母的住所之间:她在童年时与作为技术员的爸爸一起生活在小镇上。她的母亲很强势,她感觉父亲的男性气质被母亲打压;她在青春期时与母亲在一起生活,很叛逆。她的家庭也遭遇过各种变故,所以她早期的家庭体验与被骗、还债和亲人离世相联系。但是她也得到了很多温暖,所以她的性格还是比较积极的,她通过学艺术考上大学,她从小喜欢读书,这与她之后的自我探索有很大关系。她始终没办法处理好自己和他人的关系,无法正确认识自己,在自我冲撞、自我探索、自我超越的过程中,她依然要面对自我矛盾。

宋惠的家庭中祖辈重视教育,对她有较高的期待。她以网名作为自己身世的隐喻,即便在外打工的父母时常回来陪伴她,但她仍然缺少父母的关爱。初高中学习奋斗的经历让她懂得努力会有收获。在大学中,她遇到了社会经济地位较高的女生,把她们视为女强人,她自身也非常努力——从没有放弃数学、在平面设计课程中展示自己。她一直向往成为有能力的女性,因此她积极建立自己的支持体系，不停地寻找榜样，保持经济独立，和男朋友相互关心且彼此独立，各种困难都没有压倒她。

邵娜在很小的时候被新闻中的首富吸引，坚定了自己的选择，她努力超越社会性别的期待。在生活中她看到了富裕的生活状态，更加坚定创业的信念：她在大学接手了奶茶店，积累了实践经验。她有强大的内在驱动力，对自己的未来有规划，心思细腻，在创业过程中不断反思自己。独生子女的成长背景以及不断创业的经历，使她超越了社会对女性的刻板印象，具有一种男性气质，并且使她对性别的选择更加包容，她也没有注意到性别的局限。

阿叶的家里，父亲大病、母亲要强、哥哥与弟弟过着小混混的生活，这使得她成为全家唯一的寄托与希望，这种希望给她带来巨大的心理压力，导致她不愿意回忆中学生活。步入大学，她深感自己努力追求的成绩只是其他人生活的一部分，而在艺术与文学方面的弱势使她深感失落与焦虑。她通过写日记进行自我调整，将时间和精力放在学业上弥补弱势。虽然她进入大学读书是全家的希望，但当她习惯了大学生活，回到农村却成了“局外人”，在家中，她与妈妈毫无共同语言；在村子里，她已分不清其中的人物关系。她深爱家庭，却走不出原生家庭的伤痛；她深爱家乡，却不知该如何表达这份情感。我们不知道在这种与乡土的拉扯中她将走向何方……

第六章　求职路上的艰难

在中国学术期刊网络出版总库搜索 2000—2019 年题名包含“女大学生就业”的期刊论文共 1,407 篇,这个数据足以说明女大学生群体的就业情况得到了国内众多学者的关注。现有的研究主要从经济学、心理学和社会学角度进行了探讨,关注了劳动力市场对女性的歧视、女大学生的自我效能感和职业生涯规划以及女大学生就业选择背后的性别文化与阶层差异。

有学者从经济学的角度分析女大学生就业情况不容乐观的多重原因。如李瑾、彭建章(2011)以抽样调查和统计资料相结合的方法,对华北电力大学 2010 届毕业生及用人单位进行了调查,调查表明:相比男性,女大学生就业更为困难,主要体现在女大学生初次就业率低、就业满意度低等方面。从人力资本的角度分析女大学生就业难的原因,即女大学生的自然附着成本高于男性,包括女大学生婚育成本、生理原因导致的效率低下、福利成本等。李春玲(2009)、陆根书(2009)、吴愈晓(2012)等通过关于高等教育阶层与性别差异的大规模阶层研究,揭示了女大学生接受高等教育机会和专业选择不均衡问题。

有学者从心理学的角度分析女大学生就业选择的矛盾状态。胡艳华等(2019)对河北省石家庄某高校的 423 名大学生职业决策自我效能感、职业生涯规划和就业力的关系进行了研究,结果显示,女大学生的职业决策自我效能感和就业力的水平显著低于男大学生。董朝宗(2010)基于职业自我效能的视角,提出高校应对农村女大学生就业难的对策。刘景刚等人(2016)从女大学生自身出发,强调女大学生在求职中的自我设限,具体体现在工作胜任力示弱、拔高求职难度、性别角色定势、求职拖延行为等方面。

在社会学方面,张吉东(2008)、周小李(2011)和刘国强(2014)从社会资本理论视角剖析了农村女大学生就业难问题,为农村女大学生就业寻求新的路径。张吉东和刘国强较为认同林南的观点,即社会资本是一种资源。正是农村女大学生个人资源和社会资源的缺失导致其就业困难。周小李以布迪厄资本理论的视角审视女大学生就业难问题,认为问题的根源在于女大学生的资本弱势,即文化资本和符号资本弱势,前者源于女大学生在专业区隔和文凭等级中的不利处境,后者则由男性符号系统的“霸权”导致。钱民辉(2004)和魏然(2016)认为教育只是农村大学生向上层社会流动的一个必要而非充分条件,教育社会功能的弱化导致农村大学生就业途径减少。

既有研究立足于高等教育阶层与性别差异的实证研究,从多学科视角分析了农村女大学生在接受高等教育机会、学科选择和就业选择时的不均衡问题,但缺乏对女大学生内心声音的倾听,少了一些叙事性的描述与探究。值得欣慰的是,近些年来,还有一些学者以女大学生在高等教育选择中“实然”的状态作为研究的视角,特别关注农村女大学生的就业选择,走进她们的内心,揭示出她们面对今后人生方向的情感独白。

梁微(2010)以角色理论为基础,对 15 名外地来京学习的女研究生进行深度访谈,发现她们在临近毕业的求职过程中,学历优势并不能在求职中发挥预期的作用,她们反倒需要适度降低原先的职业期待,二者之间的落差便引起了个体角色内的冲突。

针对求职时间段内女大学生所面临的角色冲突这一问题,女研究生余秀兰(2013)、郑育琛(2015)、武毅英(2017)等人均采用半结构个案访谈法,对三本院校农村女大学生的就学选择过程进行了深度访谈和质性分析,他们将被访者碎片化的个人经历拼接为具有连贯性的真实故事,洞察其中的阶层差异和性别文化。不同的是,三位学者分别采用了不同的概念解读这一问题。周菲、余秀兰基于“互动论”的视角,以人类学叙事研究的方法展开研究并得出结论:农村女大学生具有阶层和性别“先赋型”双重劣势,制度和结构始终左右着她们的行为选择。“知识无用论”与“面子文化”在农村女大学生的内心不断博弈,最终形成理性的均衡状态。郑育琛采用“社会排斥”的概念,以一个三本院校农村女大学生为例,分析其就业心路历程中的文化资本的排斥、社会资本的排斥及自我排斥。揭示了女大学生心中的“大梦想”“精英情结”在现实社会排斥中表现出的认知的冲突、抉择的困难,鼓励女大学生改变传统刻板印象,突出就业中的性别重围。武毅英采用 “规训”和“抗拒”这组概念,解读农村女大学生在无处不在的规训中有限的抗拒。农村女大学生,应作为意识觉醒者的先锋,启蒙其他女性,使得家庭、学校、职场及媒体和行政在相关理念、决策与行动上做出结构性的调整。

综上所述,一方面,学者们从多角度分析了女大学生的就业选择,逐渐开始关注女大学生的情感世界,倾听她们内心真正的想法和呼声;另一方面,已有文献更多地关注农村女大学生群体,但其研究对象的类型、数量都较为单一,大多为一位或者几位三本院校的学生,忽视了其他层次的农村女大学生。女大学生经历了学业成长、社会交往方面的历练,她们也通过不同类型的见习和志愿服务为今后的求职做了充分的准备。社会中可能有不少人认为:只要你有良好的个人素质、过硬的工作能力,不论男女都应该可以找到自己满意的工作。所以在高校环境中,她们比较关注个人的努力,而对就业中的性别歧视讨论关注不够。在毕业前夕,就有很多女大学生在求职中突然意识到自己的女性身份可能不如男性那样具有优势。可以说女大学生的职业期望在求职中一次又一次地与现实"交锋",她们进而认识到这其中的艰难,频繁交手后向现实无奈妥协,这也让她们意识到作为女性,在未来职场的生活不会像预期得那样平静。

就业的压力会使得女性选择继续求学,但她们终将面对就业市场的区别对待。如何规划自己的人生?怎样平衡事业和生活的双重挑战?这些都需要女大学生具备社会性别的视角,不能因为在就业市场中屡遭挫折就低估自己的能力和价值,而要看到社会性别结构带来的影响。就业中的性别歧视是社会性别文化的产物,其本质是维持传统的性别结构。社会对男女的区别对待潜藏在个体性别角色社会化的过程中,整个社会一直隐喻着女性应该向家庭靠拢,兼顾生活。

在日常生活中,人们对女性的偏见并不少见,这种偏见更进一步就是一种排挤、排斥。就业时,用人单位欲盖弥彰的各种说辞,都反映出女性在社会中的种种不利,越是在女性比例低的地方,这种现象就越严重,因为它有着深刻的社会基础。因此,面对性别的重压,生活中这些女大学生们除了对自己负责,做好本职工作之外,还不得不为性别买单,承受额外的压力。她们在实现人生目标的同时,性别、婚姻还有家庭又捆绑而至,成了她们实现自我价值的"负担"。从女性主义的研究来看,女性的发展是艰难的,除了家庭和学校中可能存在的偏见,个人成长中对未来发展方向的犹疑,社会文化中对女性的束缚和歧视也以一种显见或隐匿的方式存在着,更不要说在成功路上的"玻璃天花板"。余秀兰就指出,女大学生对传统社会性别角色的认同,导致她们对就业市场上性别歧视视而不见,这种态度再生与强化了性别歧视现象。① 本章中的案例关注了三位女研究生在求职过程中遇到的困难以及内心的波折,试图引发有关女性在追求事业发展道路上的动力机制以及权益保障等相关问题的讨论。

---

① 余秀兰.认同与容忍:女大学生就业歧视的再生与强化[J].高等教育研究,2011,32(9):76-84.

李梦："女强人"的小世界

访谈及整理者/殷慧娟

李梦是北京某重点高校2013届法学专业女硕士毕业生，研究生期间实习经历丰富，曾分别在国家最高人民法院、商务部和知名外企锻炼，专业基础扎实，工作能力很强。她于3月份与一家知名律师事务所签约，现在作为律师助理进入该单位开始正式实习。在进行跟踪访谈的这半年，我深刻体会到专业成绩优异、实习经历丰富的她在求职道路上也是坎坷不断，一次次地跌倒，一次次地爬起，最终找到了自己的方向，实现了自己的职业梦想。

一、李梦的成长经历

李梦今年27岁，身高1米7左右，微胖，长相中等，河北人。父母都曾经是工人，现都已退休在家；上有一哥哥，已成家立业，在北京工作。她们家位于城中村，收入来源主要是出租房屋所得的租费，家庭经济条件一般。李梦的父亲是一个特别爱学习的人，但是当年因为家里穷，又是家中老大，成绩优异的他小学没上完就辍学赚钱贴补家用，这成了父亲心中永远的遗憾。父亲深信"读书才能改变命运"，所以他一直特别重视李梦兄妹俩的学习，就是在家庭经济压力很大的情况下，父亲工作之余还会打零工赚钱供他们继续上学。李梦说父亲对他们的这种无私付出是她一直拼命学习的动力。因为李梦从小到大都比哥哥学习成绩优秀，父亲并没有因为她是女孩就对她区别对待，反而更加宠爱她，特别支持她的学习。

李梦很有学习的天赋，也打心眼里喜欢上学，平时所有的时间几乎都用来读书。高二分科时,因为理科成绩突出,她在父母的支持下选择了理科。但是,填报高考志愿时,在市一中当化学老师的叔叔建议她报考文科类专业,叔叔认为文科更适合女生,学习压力小,轻松,以后可能还好找工作。综合各方意见要求后,李梦放弃了原先的理科背景,填报了社会普遍认为适合女生的法学专业。

因为李梦初中就离家开始住校,长时期一个人的生活让她性格很独立,她一直都很有自己的想法,拼劲儿十足。她是一个有理想、有抱负的女生,她在学校的各种努力就是为了能找到心仪的工作。扎实的专业基础,丰富的实习经验,她梦想着成为一名法务工作者,也相信自己有能力打拼出一片属于自己的天地。在多次交流中,我发现李梦是一个比较传统的女生。虽说她曾经也不服输,想大干一场,争取事业上的成功,但是随着年龄的增长,尤其是交了男友后,她的很多想法都变了。崇尚家庭幸福大于一切的李梦在求职时自愿选择了追随男友、回归家庭。

二、用心准备·信心十足

早在去年8月份,李梦就开始着手找工作的事情,那时她还是一家外企法务部的实习生。她说自己那时心气儿很高,总想着凭借光鲜的实习经历和优异的学习成绩,肯定能进一些牛气哄哄的单位。所以,9月和10月那段时间,她内心充满激情,对未来的生活和工作都信心十足。但是,求职不仅仅是找份工作这么简单的事情,研二快结束时,在权衡个人、父母、男友的多方期待和要求后,她设定了自己的求职目标和工作区域。

(一)目标定位:权衡——找到适合自己的“椅子”

李梦一直很喜欢这样一句话“正确的选择源于认识自我”,所以在做任何事情前,她都会回归自我,叩问自己到底想要什么,通过重新发现自己来分析自身的优势和劣势,“我能做什么?我想做什么?我是什么性格类型的人?我擅长什么?”她平时做任何事情之前都会认真分析其合理性,“就是我为什么要做这个事,我能不能做好这件事,做完这件事对我又有什么意义呢。”她笑着说自己不喜欢浪费时间做一些没有意义的事情。

李梦的父母对于女儿选择什么性质的工作单位没有太多的要求,因为他们文化水平低,不怎么了解这些事情,再者也不想给她太大的压力,就说只要她满意就行。但是,李梦深知父亲的遗憾以及对她找工作所抱的期望,所以在求职时除了考虑自己的想法,“我也充分考虑我爸妈的感受,我很想做到让他们满意。他们操劳了一辈子,真不容易。”

实际上,李梦在设定求职目标时考虑最多的还是男友的意见。男友和她是老乡,航天制造专业,在北京某研究所工作,任务重、压力大,经常会去酒泉出差,一待就是半年。所以,“我男友就希望我能找份稳定轻松的工作,以后结了婚可以多些精力和时间照顾他和孩子”。实际上,“我自己现在也是这个想法,我男友他工作很累,平时需要人照顾。再说,他赚得多,我自己肯定是赚不了那么多钱养家。我就想着找份稳定的工作,干些自己喜欢做的事情就行了”。但是,大学时的李梦并没有这种想法,那时的她心里总想着未来能打拼出属于自己的一番事业。

李梦是一个充满理性、做事有计划的人,她很早就开始设计自己的职业生涯。“其实,研一结束那会儿,我就知道自己想做些与法务相关的工作,所以就申请了一些和法务相关的实习。”设定这个职业目标源于她对自己所面对的现实认识清晰:一方面,“我曾经认真分析过自己,我的性格吧,还算开朗,和谁都能聊几句(笑),做法务应该还挺适合。而且我感觉我的专业技能还算有优势吧,我学了那么多年的法律,英语也很不错,应该算是优势吧。”另一方面,“但是,我知道自己最终追求什么,和事业成功相比,我还是更希望家庭幸福,所以,我找工作一直都是以这个为原则。再说,考虑到我爸妈、我男朋友的意见,我还是需要找份轻松稳定的工作。”

（二）求职地点选择：美好爱情的甜蜜负担

对于未来工作的地点，李梦说自己对人才济济的北京一直没有产生太多的归属感，出于对未来买房压力的担忧，所以她内心还是挺希望能回到自己的家乡去工作的，她说这样可能更现实些，“其实我自己也觉得回家挺好，以后应该能生活得挺舒服，小富即安吧，在北京估计就混得很累了。”

说到家人的意见，李梦说她父母不希望自己离他们太远，他们认为女孩差不多就行了，轻松、舒服是最重要的。因为家人和亲戚朋友都在那个城市，最重要的是有很多社会关系，这样以后可以借助这些资源，生活得更轻松些，所以家人也很希望她能回家乡工作。“十一时，我爸爸很反对我们在一起，整天和我说这些：在北京压力太大，怎么生活啊，他们主要是怕我活得太累。”提及这些，李梦感慨说父母都是为自己好，想要自己以后生活得轻松幸福些，她本人深刻理解父母的这种想法。

但是因为考虑到在北京某航天研究所工作的男朋友的职业发展，她只能选择违背父母的意愿，留在北京找工作。“但是我男朋友不太同意，因为他的那个专业回家不好找工作，没有发展前途。”她和男友都认为异地恋完全背离了爱情相拥相依的本质，“我们都觉得异地恋真没啥意思，所以我肯定不能再回去找工作，只能留在北京了。”谈到自己的这个选择，李梦有很多感慨，“不过啊，如果我认定了他这个人，我就会留在这儿跟着他。最起码他值得我留在北京奋斗，虽然苦点，但是两个人齐心协力，还是会打拼出一片自己的天地的。”此刻的李梦对未来充满了信心和憧憬。

（三）寻找简历的亮点：让人羡慕的实习经验

可能是因为一直在不停地实习，研二下学期，李梦就认真完善了找实习所用的简历。“我自己按照网上的模板先改了下，正好是研二暑假，一个在国企工作的师兄帮着又改了改，简历主要包括教育背景、实习经历、校园活动、技能、奖项等几部分，我只写了一些自己很突出的成就。在实习经历上我主要突出了商务部、最高院和外企这三家，其他都没再写，如果面试时需要再和面试官详细说说。”

因为同样作为一名女性求职者，我一直很好奇大家对简历上到底该不该贴照片都有什么看法，所以，我插问了一句：“简历上要不要贴照片呢？”她说：“简历上必须要有照片的呀。我看到的简历都会贴照片，这好像都是必备项吧。但我没有写性别，性别对女生来说是个劣势，简历上还是不要凸显了吧，(笑)。”当时，我对她的这种认识感到有些矛盾，一方面她也认为简历上必须贴照片，因为这属于必选项，但她又强调说千万不要在个人信息部分特殊标明性别，因为这完全属于劣势。那通过照片不就完全可以看出来性别了吗？李梦这样解释，“这不矛盾啊，贴照片是对人家的尊重，人家最起码得知道你长得啥样吧，但是性别就不要再写了，你自己的劣势，还非得强调啊。再说，照片本来就能显示你是男是女了。”

(四)投资形象装扮：节俭原则

和现在很多女硕士生在求职时十分注重个人形象及装扮的想法不同，家庭经济条件一般的李梦没有把时间和精力过多地花费在这方面。她只是在批发市场花了很少的钱买了一套正装，“9 月份刚开学前，我和我男朋友去动物园逛街，当时就在动物园花 200 块钱买了一套正装”。她说这些都是次要的，女生的能力才是最重要的，“首先，我没那么多钱买那么贵的衣服；其次，我没觉得穿贵的西服有多大作用，其实，我个人认为还是能力最重要。你没能力，就是穿再好的衣服也没啥用吧”。

说到化妆品，李梦说：“我平时都不化妆，买了我还不一定会用。”所以，她没有因为找工作再专门购置任何化妆品，也就买了一些平时经常会用到的基础护理品。“大部分面试我都不怎么化妆，也就做一些基础化妆，这样也是对面试官的尊重。”在被问到面试时到底该如何化妆时，她这样说：“我觉得就脸色涂得白净些，眼睛最好画一下，显得有神，还是挺好的，因为毕竟你是女生嘛,形象还是挺重要的。”

(五)笔试面试体验:机会多·心气儿高

9月份正式开始求职时,李梦还在一家外企实习,白天上班,晚上下班回到学校,她就开始在网上搜集职位信息,投递简历。开学没多久,李梦就陆续收到了为数不少的笔试、面试邀请,都是一些诸如宝洁、富力地产、建行、工行、中行、外国银行之类的“大牛”单位。李梦说刚开始找工作那会儿,她心气儿很高,只申请一些名企,小公司根本入不了自己的眼。“我觉得我笔试和面试得挺多的,我应该是从9月份实习的时候就开始投简历了,外企、外国银行,过程很烦琐,网申很麻烦。10月份我收到了壳牌的面试机会。刚开始找工作时我心态很好,10月份我周围同学的笔试和面试机会都很少,但是我有不少外企面试的机会。当时自己还是觉得找到一份满意的工作应该不是问题。”因为心气儿高,总想着自己能找到更好的工作,9月份刚开始找工作那会儿,她断然拒绝了实习单位推荐的一家外企,“当时有点太早,刚9月份,我还没怎么找工作,而且也不知道形势这么不好,我当时就觉得我随便找也比这家单位好吧。唉,当时真够傻的。”

(六)开始遭遇就业性别歧视:愤愤不平,但是很无奈

在被问到求职是否遭遇性别歧视时,李梦说她很早就知道会有性别歧视,但是都是听别人说,没有多少切身体会。“我觉得任何事情不到自己身上,自己都不会有很深刻的体会,只有当事情真正发生在自己身上时,你才能体会和理解其中的无奈。就像现在的那些学妹一样,她们或许都知道会有性别歧视,但是因为没有落到她们头上,她们不会觉得那么明显。以前,师姐们找工作后也会告诉我类似的事情,那时我哪会知道会这么厉害啊!”这段时间李梦算是真正感受到了性别歧视的存在,“在找工作的过程中,我感觉用人单位对女生的歧视有很多,比如我去的好多招聘会上,有很多明确写着‘限男性’,就算有些单位不写这个,但是女生过去投递简历的时候,能很明显地感觉到他们没什

么兴趣，不怎么问问题，但是对于那些和我们一起去的男生，他们就会问得细致些。”

谈到对性别歧视的看法，李梦说刚开始找工作这段时间，自己“很气愤”，因为以前根本没有意识到男女区别这么大，心里有点接受不了。“以前不需要找工作的时候，就是看到招聘信息里面的‘男性优先’之类的要求，我也没觉得有多重要，可是在自己找工作时，在你真的被别人歧视时，尤其是遭遇隐形歧视时，你才会意识到问题真的很严重，这种感觉真的很不好受！”所以，她也曾经有过一些不满，进行了一些反抗，“其实，有时候，对于那些明确写着限男性的岗位，就像那些要求直接发简历到邮箱的，我也会试着投下，”但很显然都没有任何结果。她说自己后来也就开始习惯了这种不平等的存在，因为凭自己很难改变这个现实，真的很无奈，“人家歧视的是你的性别，那你就是怎么改变也是没有意义的，因为你根本不可能改变你的性别啊，所以挣扎又有多大意义呢！”

三、忙忙碌碌·有点疲惫

转眼进入了11月，李梦也迎来了求职高峰，接连不断的笔试和面试让她的生活变得愈发忙碌和折腾。“11月份最累，各种笔试、面试，几乎都是安排在周末，整个11月份我都没有休过周末，到处参加笔试、面试。周一至周五李梦主要投简历，而且网申系统特别麻烦，每一个申请都需要至少半个小时以上，甚至好几个小时，后来弄了一些模板还好些。”她举了这样一个例子：“有一次，我是一周7天里笔试加面试了5次，工行北分（工商银行北京分行）和五矿（中国五矿集团）的笔试挨在一起，中间又穿插了几次面试。最主要是你根本就不是去玩儿的，这里面要付出很多，精力要高度集中。反正真的很累，身心俱疲，所以最后真有点受不了了。”这短短的一个月时间，李梦共参加了大小近20场笔试或面试，她说自己几乎都快成了“笔霸”和“面霸”。但是对于这段时间，她说："这一个月在北京到处跑，虽然很累，但我激情澎湃，对未来很有希望，每一次笔试或面试都意味着一次机会。"

（一）印象深刻的一次面试："壳牌"最终不是自己手中的牌

除了10月份曾经笔试过的宝洁，世界五百强企业壳牌是李梦参加的面试单位里面规格最高的，也是选人标准比较规范的一家名企。她很期待能有机会进入这样的企业工作。"大企业很锻炼人，能让我很快提高自己的能力，而且起点高，以后跳槽也很方便。"

"实际上第一轮面试是在10月16号，很早，群面，因为我以前也参加过几场群面，感觉也算有点经验吧，所以当时我没怎么准备，就简单化了个妆，穿着正装，挎着个包就去了。"谈及那天的面试情形，李梦回忆说："那天我去得其实挺早的，但是到那儿时已经有很多人了。"她说那天参加面试的学生基本都是穿的西装，"男生都是穿西服打领带，女生多半穿西装裤，也有人穿西装裙，身材好的那些女生，腿细长细长的，人家穿着也好看。""有几个女生没穿正装，就穿的那种比较休闲的小西装。我觉得不太好，感觉很显眼，我觉得还是和大家一样最好，随大流最安全。"在被问到男女生比例时，她说："男女各一半吧，好像女生更多些吧。呵呵，反正文科的女生到哪儿都多。"

"当时是很标准的群面，关于沥青厂选址问题，面试官给了很长的材料，包括风向之类的，需要考察面试者分析问题的能力。面试很正规，我印象很深刻。"因为准备得不充分，李梦对于自己在群面中的表现并不是很满意，"自我感觉表现不好，我没怎么说话，说的那几句感觉也很没水平。"本以为自己肯定没戏，但是很出乎意料，11月初李梦居然收到了二面的短信通知。她这次很重视，专门上网搜集了很多面试经验，做了很充分的准备。李梦提到当天发生的一个小插曲："二面是电话面试，因为面试时间约好的是两点，但是两点多了他们也没有打电话过来，所以，我就有点着急，给他们发了个邮件，可能有点催促的意思。后来面试两点半才开始，三点又是下一个同学的电话面试，所以，我的面试时间被压缩到了半个小时,快三点就结束了,时间很短。”

李梦说电话结束就感觉自己肯定没戏了。“首先,可能是时机不对,他们拖得时间太长,都到 11 月份了。我总结选面试时间很重要,本来我网上选的时间是周五,大家心情比较好、放松些,但是因为他们周五有事临时给我改到了周一。那天 HR 刚开完会,心情也不好,当时我也有些急躁,打电话打不通,又发了邮件催促,他们可能有点烦。还有就是可能也是我不适合这个岗位,因为我说错一句话了,人力资源的人问我想做哪方面的工作,我就说 legal(法务),或者 commercial(商务)也行,但我多说了一句‘我不想做销售’。后来想想,他们招管培生,可能需要管培生从销售开始锻炼。”对于这次面试结果,李梦说自己挺失望的,“我一面表现得就不是很好,没通过也是应该的,但是我很重视二面,很尽力,结果却没有通过,还是挺失望的。”

(二)性别歧视?习以为常,麻木了

李梦对于就业市场上的性别歧视有着较高的敏感度,能基本感知到求职中的各种显性、隐性的性别歧视。尤其是她在前段时间遭遇性别歧视时,也曾经有过一些不满,进行了一些反抗,但都没有任何结果。时间久了,她也懒得再去投那些明文限制男性的职位,因为纯粹是浪费时间。性别歧视在她看来“见多了,早习以为常了,没感觉了”。于是,理性的她选择了合理避开性别歧视对自己的不利影响,“有些职位很适合女性,特点是工资比较少、安逸、稳定,适合女性的社会角色和社会期待。我反正会想开点,不会盲目地责备自己,变得悲观,因为这不是我一个人造成的,还有社会的背景在里面。抱怨无济于事,终归还得找到解决途径。”

李梦一方面认为性别歧视很不公平,一方面又以换位思考的角度合理化招聘单位的性别歧视行为,“我感觉性别歧视挺不公平的,但是我也能理解啊。”李梦不仅认同和理解用人单位拒绝招用女生的动机,甚至说如果自己是招聘人员,也会因为年龄、结婚生育等问题考虑优先录取男生,因为单位招人

是用来干活的，不会白养闲人。"从企业盈利的角度考虑，如果我是企业主，我也会这么做啊。关键是女研究生到了适婚年龄，除非上学比较早的是二十四五岁。但是像我这样本科五年(英语和法律双学位)、研究生三年的女生，毕业就 27 岁了，一两年之内肯定会面临结婚生育。人家公司招你进来，是让你干活的，不是养闲人的。"

四、频频碰壁・迷茫无助

因为 11 月份的高强度求职，到了 12 月份时，李梦感觉自己身心俱疲，很累很乏，进入了感情脆弱期。"我 11 月份参加笔试和面试太多了，特累，都没怎么休息过，而且有些自己特别想进的单位都没戏，后来就有点消极。12 月份就完全有点受不了了，根本没什么劲儿，那段时间听到笔试、面试就很抵触，一点儿都不想找工作。"尤其是经过前一段时间的折腾无果，此刻的李梦逐渐意识到自己遭遇了招聘"小年"，全球经济不景气，市场疲软，各大公司裁员，艰难维持公司的运转。这种认识让原来心气儿很高的她内心很受打击，信心也严重受挫，"整个 12 月份我都很消极，很迷茫，很无助，一点儿都不想想找工作的事情，想起来就闹心。"

由于内心抵触求职，李梦这一个月就暂时停止了找工作，她几乎不再投递简历，转而开始有选择地参加一些自己认为有意义的笔试或面试。"这个时候就需要放松下，我当时就时不时地去男朋友那儿，我们到处找地方吃饭、逛街，他变着花样地哄我开心。"她说自己很感谢男友的包容，"他工作那么忙那么累，还老抽时间帮我疏导心情，甚至安慰我说找不到工作也没事，他养着我，我真的很感动。"12 月下旬，为了彻底放松心情，在父母的劝说下，她回家待了一周，远离压力区域，换个环境生活。李梦说在家的那几天，父母一句不提找工作的事情，母亲做了各种各样好吃的饭菜。她自己更是完全不想烦心事，和家人一起看了好几部轻松搞笑的韩剧。

元旦前夕，李梦从家回到了北京，虽然内心对未来依然充满迷茫和无助，但是她说自己很感谢这段时间，“这段时间很煎熬，各种烦躁，但是我感受到了父母还有男友对我的那种关爱，我很感动，真的，家人在什么时候都是最重要的。”

五、调整心态·坦然淡然

经历了9、10月份的激情和自信，11月份的忙碌和折腾，以及12月份的消沉和无助，李梦的求职生涯也接近了尾声。

（一）反思·调整

元旦和男友一起出去滑雪放松后，李梦开始认真总结这几个月找工作的得与失，吸取面试失败的教训，调整求职目标。李梦反思说自己刚开始求职时心气儿太高，总觉得应该选择知名企业、银行、公务员之类的工作，但是经过一段时间的到处碰壁，她的想法变得现实了一些。“一定得放低姿态，我刚开始找工作时姿态很高，老想着进一些大牛企业，但是慢慢地我就发现，今年就业形势真不好，能找到工作就不错了。”

即使早已设定了求职目标，李梦说真正开始求职时自己还是有点儿盲目，尤其是刚开始找工作时完全有点随大流。因为大家都说银行待遇好、稳定，所以她也跟着大家一窝蜂地投银行。“实际上不是很好，专业用不上，自己没有一点优势。找工作至少要找自己喜欢的，和专业有关的，各方面都契合的工作，这样最好。”

针对一开始设定的法务岗位，在求职中李梦逐渐发现走公司法务这条路有点儿行不通，“一开始定位是公司法务方面，后来发现这条路太窄了，尤其是今年经济形势不好，企业裁人还来不及呢，更别提招人了，就是招人也就招一两个。”她分析这几个月找工作的经历后发现，“实际上，法务比较倾向招聘有工作经验的人和男生，而且一般要符合专业背景，要求你有相关专业背景。”她举例说，“我有朋友是法硕，本科时学土木工程，本科毕业后在工程类企业工作了几年，又考的研究生，他找工作就很有优势。当时我们一起投简历，中铁建直接给他留了电话，说让他一定要关注他们公司。他们出结果很晚，很明确地表示要他。但是像我们这样的，没有相关专业背景，课本上的知识又不能提供多少东西，面试时根本没有任何帮助。学校的教育与社会严重脱节。”

因此，屡次碰壁的李梦开始调整求职目标，她放弃申请那些需要工作经验和男性优先的公司法务类职位，把目光投入了自己一直都挺向往的、没有太多性别限制的律师助理工作。后来的经历充分说明，及时调整职业规划，改变求职目标，给她带来了越来越多的面试机会，也促成了最后求职的成功。

（二）性别歧视？真的没什么，很正常

经过了前一段时间的折腾，李梦更加认清了性别歧视顽固存在的社会现实，她对于性别歧视由刚开始的愤怒到选择了逐渐合理避开歧视对自己的不利影响，最后学会了接受和习惯这种歧视的存在。“真的没什么，很正常啊。”

李梦认为不管性别歧视存在与否，女研究生的求职空间和男生相比都会更小。“可能受传统思想束缚，女生最终还是会回归家庭，”她说自己原来受这种影响不大，本科时根本不会这么想，那时总想着打拼奋斗，但是随着年龄的增长，她更认清了这个现实——女人最终还是得结婚生子。我问她从什么时候开始想法发生了这么大改变时，她感慨地说：“有了男朋友以后，年龄也大了，尤其是二十五六岁以后，自己的很多想法和原来都不一样了。现在怎么说呢，更务实？（笑）”所以，她认为生理特性以及角色期待都会限制女生的职业发展，即使性别歧视不存在，女生自己也会主动避开一些不适合她们的工作。

最后，关于女硕士生到底该如何应对求职中的性别歧视，李梦认为既然歧视存在的事实很难改变，那女生们就只能改变自己，因为求职成功与否关键还是个人能力问题。“现实中的确存在性别歧视，但是这种情况也不是很绝对。如果女生有足够的能力，有足够的本领，工作做得比男生好，公司还是会要

的。”李梦承认求职中很多用人单位对女生的要求要比男生苛刻很多，同一份工作，相较男生，女生要更加优秀才有希望。“我有个学姐就是这个样子，她应聘一家小国企，单位明确规定不要女生，往年也是这种惯例，但是那一年就要了她，这就能够证明人家足够优秀。但是女孩能有多优秀啊。朝阳法院来学校宣讲，他们说进面试的名单里 30 个人中就有两个男生，这两个男生条件差不多，能力差不多，看着顺眼，就可以要了，用人单位给他们定的标准很低。但是如果前 30 名都是女生的话，就只能从女生里挑了。”

(三)收获硕果：平常心却意外收获录用信

1 月 13 日，李梦接到了一家律师事务所的实习通知，“我一开始以为没戏，因为它就招聘一个人。”她说自己本来对这次面试就没抱太大的希望，所以等待的这几天，虽然也会偶尔想想能不能被录取，但是确实没有考虑太多，因为自己刚刚调整好心态。最后，平常心带来了这封出乎意料的录用信。

关于这次面试的细节，李梦说自己是 12 月份在学校专场招聘会上投的简历，当时她就觉得和自己专业对口，她求职的是一家专门做知识产权的律师事务所，而且她以前也听说过这家公司，所以一开始感觉还挺好。元旦后，他们就打电话通知她参加笔试和面试，考试就在她们学院的会议室进行。在被问到参加面试的男女比例时，她说，“三男六女，有一个是我们班同学，男的。实际上他当时都已经拿到录用信了，还是个挺大的国企的法务，人家给解决北京户口，工资待遇还挺好，你想现在国企待遇多好啊。但是他好像还想再找个更好的吧，院里招聘会上经常见他。谁知道人家怎么想的啊。唉，男生真好，一大把选择！”

提及对这次面试的感受，李梦说得最多的还是“氛围很好”“很平等”“很人性”。她说最终决定“把自己嫁给这个单位”，就是因为这个律师事务所人性化的工作氛围。她认为和工资薪酬比，工作氛围最重要。她说自己以后工作一定要做得开心，不想为了生存每天忙忙碌碌，要协调好生活和工作。所以，在决定是否接受这份工作时，她还是有点担心律所高强度的工作的。

在归纳这次面试成功的原因时，李梦说找工作到现在，她慢慢也悟出来一些道理，她感觉求职时最重要的就是“平常心对待”。“我感觉那天自己心态特别好，可能一开始就没觉得有多少希望，所以面试时反倒不想太多了，我就很自然地说话，想说什么就说什么。所以，我就想，面试时表现得自然、真诚最好，就平常心对待，不能想太多，要不肯定紧张。”

六、求职感悟：这是一个集中成长的过程

谈及这半年的求职经历，李梦说自己很感激这段与青春和梦想有关的奋斗时光。虽说这几个月过得特别辛苦，经历了各种煎熬的等待，各种纠结的选择，但是她说自己也收获了很多。这是一个集中成长的过程，只有多接触社会，才能明确自己到底想要什么，对自己的定位才更准。“我现在还是很珍惜这段时间的，会很感谢这段时间，这对我来说是一次锻炼，使我在思想上有很大的提高，在这种辛苦当中我认清了这个社会生存很困难，这让我更加珍惜现在的生活。这段经历对我来说很重要。”

李梦认为在求职过程中必须要时刻保持斗志，不能贪图一时的稳定，“女孩子还是要趁着年轻多锻炼下，等到结婚生孩子了，你想折腾都没有时间了。”她认为女性在经济上必须独立，不能一味地想着依靠男人，自己必须有点能力，“有的年轻貌美的女孩会选择傍大款，从长远来看，我觉得聪明的女孩一般不会这样做，你总有老的那一天，你必须得有一些让你升值的东西。”但是说到这里，李梦表示和本科时相比，她的斗志已经消解了很多。“那时是初生牛犊不怕虎，很有拼劲儿，觉得去哪儿闯荡不行？但是等自己在社会上打拼了一段时间之后，认清了现实，就有了很多顾虑，不会像原来那样了。现在我就想着以后过好自己的小日子就行，因为她觉得自己的能力真的很有限。原来的我觉得这个世界很大，可以拥有整个世界。在社会上奋斗了一段时间后，我更加

认清了现实,社会上的阶级分层很鲜明,一个人很难逾越自己的阶层,你一个人的力量很有限,很难撼动整个社会大背景,会很无奈。就像以前我会经常强求自己做一些事情,现在就会寻求一种比较平淡的生活,有很多事情就会看得淡一些,我会尽力而为,但我不能让自己长期处于压力之下,我要提高生活品质,要平衡工作与生活。”

王寒:“小女生”的大世界

访谈及整理者/殷慧娟

王寒是山东某重点高校2013届英语专业女硕士毕业生,今年26岁,身高165cm,长相甜美,宁夏人。她曾经在宁夏某大型国企新闻部实习,做了很多和翻译有关的兼职,带过两年本科生的专业课,专业基础很扎实。据粗略估计,求职期间,她一共投了100多份简历,参加面试20多场,拒了2份工作。父母作为普通中学的教师,社会关系很简单,没有强有势的社会资源可以利用,在自己的家乡县城倒是有些熟人关系,但是上了那么多年学,家人肯定不会愿意她回那个小城工作。访谈的这段时间里,她一直在努力地打拼,曾经只身跑到南京参加福特面试,和舍友一起去河南许昌参加某国企面试,在家里蹲点参加宁夏各大银行的招聘……直到本文快要完结时,她还是没有找到自己的归宿,仍然在到处折腾打拼。她说她就想找个自己觉得好、父母又满意的工作。

一、王寒的成长经历

王寒是家中的独生女,父母都是中学教师,家庭经济条件比较好。从小到大，父母对王寒的学习一直要求很严格，直到高中，父亲都还亲自辅导她的功课，经常陪着她熬夜补习，为她付出了很多心血。王寒从高中到研究生一直都是学的文科，她感慨自己真是在女生堆里生活得太久了。高中时，理科成绩不理想的王寒毫无疑问地选择了轻松简单的文科；高考填报志愿时，结合父母的要求和自己的想法后，她选择了社会公认的最适合女生的外语专业；四年后，她又在这个男生极其稀少的"女儿国"继续深造。原本大家都以为外语专业适合女生，女生也适合外语专业，外语专业的女生就业肯定没有任何问题，但是经过这大半年的求职，王寒发现"根本不是这么回事儿"。

王寒是一个很爱打扮的女生，尤其是上大学后，看人家都打扮得挺美的，王寒感觉自己也应该穿得美美的，所以就经常买一些凸显女性身材的衣服。因为妈妈是一个特别爱打扮的气质女性，所以她很喜欢把王寒打扮得像个小公主。王寒说在很小的时候她就知道自己是个女孩子，她会按照家人的要求做些女孩子该做的事情，就像过家家、做手工、弹琴等。因为长相甜美，王寒的衣服几乎都是淑女装。她很喜欢做家务，本科毕业时的梦想是做一名家庭主妇。

按照父母的要求读研后，因为很想过一种和以前完全不同的生活，王寒积极参加各种活动，跳舞、打羽毛球、进研究生会，等等，经过三年的锻炼，她说自己变化很大，变得更加自信，性格也开朗了很多。她说现在自己很想有份事业，养活自己，让父母放心。王寒说自己很认同"男主外女主内"的性别角色分工，但她改变了以前想做家庭主妇的想法，她认为女人还是得独立，不能全部依赖男性。对于女强人，她说自己肯定不想成为这样的人，而且就她的性格来说，也绝对不会成为这样的人。她说自己不想活得太累，只期盼能找份轻松些的工作，赚的钱够自己当"小资"就行。但是，父母在她身上花了很多精力和心思，对她也寄予很大的希望，期盼着她能找到一份体面的、轻松的工作，公务员、教师是王寒父母心目中理想的职业选择。所以，父母的高期待是王寒求职时必须要考虑的事情。

二、精心·自信

研二暑假,王寒就开始筹备找工作所需要的硬件和软件。她为了增加实习经验,申请了一堆实习岗位,最后托关系在家乡的一个大型国企实习了一个月。实习结束后,她就立刻返回学校,购买职业装、照职业照、做头发、完善简历……王寒精心准备着自己的“行头”,内心充满对即将到来的求职生活的美好憧憬。

(一)投资形象装扮:“大手笔”

王寒是一个长相甜美的小女生,她一直都很重视自己的装扮和穿着,对时尚潮流的东西很感兴趣,闲暇时间,她会花大把的时间用于逛街购物。所以,在购买求职所需要的服饰方面,她也花了很多心思,付出很多成本。“我一直都认为女生的形象很重要,所以我衣服是买的很好的那种正装,2,000元左右吧。”问及选择购买昂贵正装的原因时,她解释道:“因为女式正装可选的余地很小,不像男的,到处都是西装,女式的牌子很少,再说便宜的那种也太没型了,人家贵的衣服,都是女性小西装,样式确实都很好看。我们宿舍的几个小姑娘的正装都是十一商场打折的时候买的。”一直很关注穿衣打扮的王寒对女性正装很有研究,她专门给我讲解了这方面的问题。她说女生的正装按道理来讲应该是上装加短裙,但是考虑到北方冬天天气很冷,她就把裙子和裤子都买了。“面试时,只要天气允许,我都会穿短裙,多美啊,呵呵。你别说,我面试交行时都很冷了,居然都有女生穿短裙,我当时那叫一个佩服啊。这样看,人家很重视面试,和她比,我差远了啊。”

为了能让自己显得更成熟和职业些,王寒专门花了500块钱烫了头发,“你说找工作就这么一段时间,花点钱也应该的啊。再说,女生就得漂漂亮亮的,这样你面试时才能底气足,要不人家都打扮得美美的,就你一个人没怎么弄,你肯定没戏。”王寒的父母很重视她的求职,还专门给她打了一笔钱作为经费。王寒说现在的女生都很在意自己的装扮，而且很多单位在招女生时都特别强调外在形象和女性吸引力，再加上她自己平时就挺爱打扮，在这个关键期就更得精心准备了。

（二）求职在迷茫中起始：我到底想找份什么样的工作？

和她精心准备各种硬件“行头”相反，王寒对自己的职业生涯的规划只能用“迷茫”两字来形容。就是在求职进行了很长一段时间之后，她都还在苦恼自己到底想干什么工作，“最郁闷的是我现在不知道自己想干什么！”她说自己其实一直也有着挺清晰的规划，就是按照父母的意愿，考上公务员，或者去学校当个老师。事实上，一方面她感觉这虽说是父母的想法，自己也是部分认同的，而且正在为此努力；但另一方面，她感觉自己内心深处好像还有些其他想法，自己也说不清楚，很矛盾。“因为我觉得目标明确吧，真的会丧失很多机会，而且你也不知道自己明确的目标对不对。哎呀，反正很矛盾。”

“矛盾”是王寒经常会提到的词。一方面，父母很希望她找个稳定、适合女孩子的工作，“我爸妈首选公务员，因为稳定，适合女生。”她个人还是挺认同这个想法的，而且也一直在为此努力；但是另一方面，“其实，我觉得我爸妈就是太重视面子和名声了，啥都想让别人夸，喜欢和别人比。”她举例说：“就像公务员好听、体面，所以就一直让我不停地考公务员。今年国考，我爸妈就让我花了几千块钱专门报了辅导班，我爸让我先专心准备国考，先别忙着找工作。”但是王寒对此有着自己的想法，她认为自己不能把希望全放在国考上，准备国考的三个月里，她该找工作还是找工作了，“所以我国考也没考好，被爸妈骂了一顿，说我不努力。”王寒说自己以后想轻松些，做些自己想做的事情，真不想像父母那样活得那么累。

（三）逐渐被“限行”的职业地点：我最终会去哪工作呢？

在和求职密切相关的地点选择上，王寒说刚开始找工作的前一段时间，自己因为没有男朋友的限制，感觉去哪都行，“只要录用我，全国各地都可以。”但是，随着11月份求职的不顺，父母的反对，在综合考虑各种因素后，她逐渐缩小了求职区域，主要定位于济南、青岛和北京，或者回家也可以。“找工作一段时间后我发现工作选择还是很有限制的。山东的话，就济南和青岛我可以接受，其他小城市就算了，没意思。北京有合适的职位就去。回家也行，其实回银川生活也很好，安逸、舒服、压力很小。我爸妈说，如果我在山东或北京发展，他们就不担心，因为亲戚朋友多，互相有个照应。其他城市就算了，人生地不熟，他们实在不放心我一个女孩子家家的在外面。”对于父母的看法和要求，她笑着表示自己也很理解他们，“毕竟我是女孩子嘛，在外边真不安全。”最后，王寒根据就业形势的改变，参考父母的意见，理性地限定了工作地点。和大多数男生不同，女硕士生在求职地点的选择上有很多限制。发挥学校地域优势、让父母放心以及让自己未来生活得舒适些，都是女生定位工作地点的考虑因素。

（四）不断完善简历："画龙点睛"的照片

在简历准备方面，王寒说自己开始没怎么注重，就研三开学前把兼职时用的那份简历简单改了下。一段时间后，她发现自己的简历漏洞百出，很不专业，所以，她又参考网上关于如何编写简历的建议重新认真完善了自己的简历。“简历有一个大纲，然后根据应聘的不同职位、不同企业再改，就比如投给出版社和高校的简历肯定不一样。”

和李梦的想法相似，“小女生”的王寒也认为简历上必须得贴照片，但是她是这么认为的，“一定要贴照片，一定！我们是在实践中琢磨出来的。外教说国外不让贴，但是国内情况真真不一样，必须贴，尤其是女孩子，形象真的很重要，你要把自己照得美美的，然后放在简历上，人家肯定都爱看。我们好几个人都在专门的地方照的职业照，人家根据你的特点很认真地化了个妆，最后还给修了图，那叫一个美啊（笑）。”王寒说很多人看到她的简历，都会对上面的照片赞不绝口，“我爸妈都说我那张照片照得真好看，光看照片，也得录取我（大笑）。”

(五)外研社面试体验:满腹激情·信心十足

因为上一届就业形势很好,刚开始找工作的9月和10月,王寒的求职期望很高,心气儿也特别高,都是申请玛氏、箭牌、宝洁这样的世界五百强企业,小公司小企业根本不在她的考虑范围内。9月份开学不久,英语专业出身的她就接到了外研社的笔试通知。她说当时应该是"海笔",所有报名的学生都参加了笔试。考试内容主要是翻译和写作,这些对于专业基础扎实的她来说并不是很难。

笔试完第二天,王寒接到了意料之中的面试通知。当时,她们专业的好几个人都有机会参加面试。谈及面试感受,王寒说她自我感觉表现还可以,因为"其中有个面试官,也是山大毕业的,他挺懂英语的,当时就问了很多关于我曾经发表的那篇论文的情况。后来,面试完出去,我们这一大群人一起往校门口走,面试官走在后面。他还记得我名字呢,专门叫了我,和我聊天,问了一下学校里的事情,他问我导师是谁,我说某某,他说我导师还教过他课呢。反正当时感觉特好。(笑)"

但是,外研社在全国只招20人左右,门槛很高,"听说当时整个学校就只有两个人进实习环节了,而且就是实习也是差额,实习一段时间后才决定要不要。"王寒说自己当时心情很复杂,有点失望,也有点欣慰,"第一次笔试、面试,心情挺复杂的,刚开始那会儿我找工作很有激情,再加上专业很对口,所以一开始我还是抱着很大希望的。后来知道自己没进实习,也有些失望吧,但还行吧,毕竟刚开始找工作,而且外研社这么牛的单位,能参加面试也不错了。"

(六)性别歧视?没有吧,最多也就是性别优势

王寒认为求职中遭遇的性别歧视充其量也就是性别优势,用人单位并没有明确歧视女生,他们出于自身利益考虑,只是喜欢招聘男生罢了。"如果是性别歧视,人家都不明着说。其实像这样说,不是性别歧视,也不是性别偏见,我们都说是性别优势很明显。因为我感觉不到人家歧视你什么了,就是偏爱

男生罢了。”她举例说明她所理解的“性别优势”的含义，“就像去年我们面试苏宁总裁秘书的岗位，明着没说只要男生，我们很多女生都去了，最后才知道全部要男生。我们当时很气愤，但是后来想想就算了。因为男生比女生能喝酒应酬，随时出差都行。而且现在很多秘书岗位都不愿意要女的，怕造成一些麻烦。再说，女生生理上确实也有限制，就像山东器械这样的企业，一般都要男生，人家得外派，男生安全方便，不像女生一堆事情。”即使就像她所说的，自己一开始就理解这些，但是后来求职被性别优势排挤时，她也会很气愤，有次甚至被气哭了，她控诉说，“那次特别生气特别生气，我明明综合排名第三，公司录取前五名，就因为我是女生，不是男人，他们单位就不要我了，最后从我后面的男生中选的实习生，气死了，真是气死了！你不知道那段时间我特别想去做变性手术！当时知道结果，我真是眼泪立刻就唰唰地下来了，那么好的一次机会，自己也付出了那么多，结果却是这样，除了很气愤，当时也有很多委屈吧，因为这根本不是自己能力不行！”

三、折腾·困惑

经过9月和10月的激情期，王寒迎来了求职的折腾期。因为这段时间里，按照父母的要求，她需要投入一些精力在校准备国考，所以王寒就只选择了一些比较方便的笔试或面试机会。但是，她们学校所在的某市经济发展水平一般，没有多少很好的企业。因为不考虑小企业，王寒参加了为数不多的几场面试，基本都是她认为可以接受的一些单位的招聘，如给了笔试加面试机会的单位有外研社、徐州的中国矿业大学、济南重汽等。备考了两个月后，王寒感觉“不能把所有的宝全压在国考上”。所以，她瞒着父母到处找工作。11月份一个月，她去了很多地方，河南、江苏、上海、北京、宁夏都留下了她辛苦的身影。“我和舍友还去了河南许昌一家国企面试，当时我们一个劲儿地表示自己愿意去，但是事实上真要我们了，大家都不愿意去了。”但是，折腾完12月份无果后，王寒开始对自己和自己的能力产生怀疑，不知道自己到底想做什么，也不知道自己到底能做些什么。尤其是经历过福特一个多月的多轮面试之后，成绩优异的王寒因为自己的女生身份被拒，内心充满困惑和无奈。

引以为傲的福特面试体验：完美表现并未换来最后的录用。

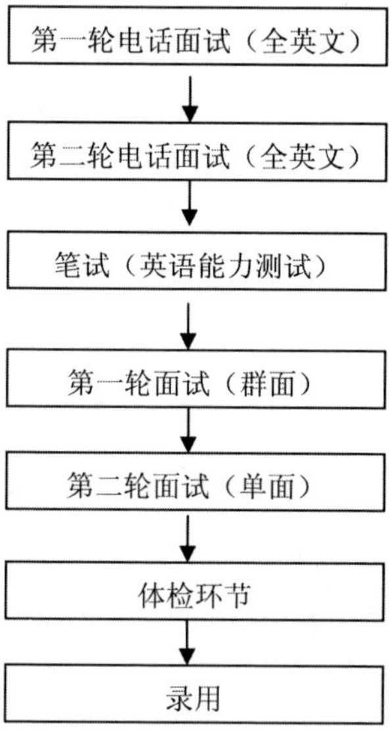

图 2　南京福特招聘流程图

王寒对去福特参加笔试面试记忆深刻，讲述的过程很流利，甚至细节都记得很清楚，可见这次求职对她触动真的很大。她回忆说福特整个招聘过程很长，从 10 月份到 11 月初，持续了一个多月。当时先是两次电话面试，都是英语面试，主要包括自我介绍和提问等内容。王寒说当时她是第一次接到那么正式的电话面试，开始时有点紧张，后来发现是英文自我介绍和回答一些基本问题，这都是自己的强项，而且平时也都有所准备，所以慢慢就放松了很多。两次电话面试时间间隔一周左右。她说自己还是很期待得到这份工作的，她的专业很对口，而且福特又是名企。第一次面试结束后，在等待结果的那几天里，王寒的心情真是很矛盾。一方面她觉得自己回答得都挺好，进二面应该没问题，另一方面又老感觉是不是自己哪个地方回答得不符合人力资源的预期，怕被拒掉，所以又有各种担心。这两种“纠结”的想法总是交织着影响她的心情，“那几天真是度日如年啊。每时每刻都盯着电话，你又没办法联系人家，你就只能等啊等啊。走着等，坐着等，睡觉都不敢关机，怕万一人家打电话过来自己没接到！”

过了一周左右，福特那边终于打来了电话，通知王寒进行第二次电话面试。英语专业的背景让她很顺利地通过了这次面试，进入下一个环节。为了让自己不那么折腾，家庭经济条件较好的王寒直接就买了高铁票，并且在网上事先预定好了“如家酒店”的单人间。“我是提前一天到南京的，在酒店住了一晚上。第二天一大早我就起床开始收拾，化了个很精致的妆，穿着正装就美美地出发了。因为南京还不是太冷，我正装就穿的裙子，那天很多女生都穿的裙子，而且妆都化得挺好看的。”当天先是英语笔试，接着直接就是部门面试，王寒报的是采购岗位，“一天共面试 17 个人，上午面试了 10 个人，其中有 3 个英语专业的人。”一面形式分为 PPT 展示和小组讨论两部分，准备充分的王寒表现很突出，“我当时的 PPT 做得还是挺成功的。我第一个做完 PPT，第二个上去的人直接就和人力资源的人说她做的 PPT 可能没有 Vivian(王寒的英文名)好。我当时摸准了面试官的心思，对公司多了解了下，吃透了公司文化。”王寒几乎是笑着讲完了这段体验，她对自己当时的表现很满意，说这是找工作面试感觉最好的一次，很有成就感，觉得自己还是挺有能力的。

上午一面结束后就直接公布了结果，王寒顺利进入了下午进行的二面。关于二面，她提得最多的就是“随和”“平等”“轻松”“人性化”。说到这段经历，她专门和我讲了一件事：“单面进行到午饭时，正好到一个男生，面试官就叫了那个男生进办公室，一起边吃边聊，聊了得有一个小时吧。我想那个男的肯定进了，因为福特最后说我报的那三个职位只要男生。面试 17 个人就三个男生，其中一个还在一面就被刷了。他当时和领导聊了那么久，肯定进了。福特再不要他,哪还有男生啊。说实话,男生找工作根本就不受形象限制。就像福特这个男生长相真的太一般了,不好看,但是人家最后还是进去了啊。”

对于面试结果,王寒说自己当时排名第三,因为只要男生,所以就被拒了。在被问到为什么在她们都辛辛苦苦面试完才说只要男生的问题时,她说招聘信息上写的是男女不限,而且以前这个岗位确实也要女生,“但是我知道其中有个部门就是以前招的女生太多了,他们头儿就给他们女员工保证说我这次肯定给你们带个男的。”王寒对这件事情有着自己的看法,“可能采购这个岗位需要工科相关的专业背景,他们最后说还是希望要有工科背景,对汽车比较熟悉,这样好上手。英语专业语言优势确实存在,毕竟是外企,但很可能是之前招的女生太多了,所以就不要了。”王寒说即使后来理解了这些,知道面试结果时还是很气愤,自己为这次面试付出了那么多精力和财力,表现也很好,结果又是因为性别受限。经历过这次面试,她再次感受到性别优势的讨厌和不公平,她说自己那一阵子甚至想去做变性手术,因为太气愤了。

四、迷茫·调整

转眼,12 月份已经被王寒折腾完,现实和预想区别之大让她备受打击,“可能是去年就业形势真的太好了,开始找工作前我的预期很高,心气儿高,现在心理落差很大,根本不敢想什么多好的单位,差不多能有份工作就不错了。”她很羡慕那么老早就定下来工作的同学。此时的王寒很后悔去年 10 月份因为心气儿太高拒绝了银川某大型企业,她说早知道这么折腾,那时就直接签了。“唉,当时就觉得时间太早了,10 月中旬左右吧,我老想着后面会有更好的机会,就没签。现在找来找去,一直都没有一个好单位,烦的时候会很后悔啊。想想人家工资待遇、地点都还行啊,真的挺好。唉,一失足成千古恨啊。”

王寒深刻体会到找工作其实就是折腾人,考验人的体力、智力、能力和财力。“首先,你得有好的体力资本去到处折腾,就像我,又是河南又是南京又是宁夏,坐火车、坐飞机。所以,你还得有财力才行,得有足够多的钱买车票、住旅馆,要不真不行啊。智力和能力就不说了,那是肯定的了。”她认为找工作最难受的就是等消息时的煎熬,“我本来就不是一个很自信的人,所以我就不断地自我肯定、自我否定、自我肯定……折磨啊!”找工作折腾到年后的3月份,她开始愈发怀疑自己的能力,“我有时就想是不是自己能力不行啊,到现在都找不到个工作。”

随着求职不断碰壁,王寒说自己的求职思路慢慢也清晰了一些,其中一个根本原则就是,什么时候都不能放弃自己的专业。她很热爱英语,所以很想找和专业相关的工作,比如翻译、外事秘书、教师之类的。在谈到对未来工作的要求时,她说自己也喜欢稳定些、清闲些的工作,而且感觉自己的性格也适合这样的工作。

谈及求职到现在的心情,王寒说自己真是越挫越不勇,刚开始都是面试雀巢、玛氏之类的名企,心气儿特别高,但她一般在网申那关就会被淘汰,后来她就慢慢变得现实些了,现在就更加现实了。她感慨说自己确实仍然在坚持奋斗,但是目标越来越低,只要有份差不多的工作,她立刻就签合同。因为她很怕最后一无所成,那才是“丢死人了”。

对于求职中的性别歧视,王寒说相较年前那段时间的烦闷,这一段时间经过调整,自己又看开了,因为“没办法改变只能学会适应”。她认为首先并非所有的工作都是男生优先,总有需要女生的工作,再者等所有的男生都找到了工作,就该轮到女生们就业了。既然这是无法改变的事实,那作为渺小的个人只能学着去适应它。“我有时候有点气愤,但是没办法。不要就不要。后来我都无所谓了,反正总有不限性别的岗位吧。性别歧视对我没啥影响,有单位不要女生,但是我老想着下一个总会好的。反正也挺无奈的吧,你没办法改变它,也只好适应它了。”

五、未知·等待

王寒的求职之路还在继续……

陈娟:年轻妈妈的小梦想

访谈及整理者/殷慧娟

我是北京某重点高校2013届教育学专业女硕士毕业生中的一员,26岁,来自安徽的一个小县城。我的父母都曾是公务员,现已退休,定居大连,上有一哥哥,早已成家立业。我本科就读于山东某高校英语系,毕业时曾在某房地产公司工作过半年,为了梦想辞职考研,奋斗大半年后如愿来到首都。和大多数女硕士生不同,研究生期间,我选择了结婚生子,过上了和身边同学迥异的生活。在大家奔波于各种实习单位之间时,我正忙于各种家务;在大家高高兴兴相约逛街之时,我正辛苦喂养孩子。实习经验的缺乏和已婚已育的身份为我的求职经历画上了重重的一笔。

一、我的成长经历

我和身边大多数女硕士的生活迥异,不管是返校考研,还是在校结婚生育,甚至整个求职选择的不同都要缘于我的成长经历。因此,为了帮助大家更好地理解我的求职经历,在讲述求职故事前,我愿意先和大家分享一下自己的成长经历。

我国实行计划生育政策以来,1985—1996年之间是对超生家庭处罚最为严酷的时期。1986年的春天,我就在这样的社会大环境下出生在皖北的一个小县城。因为我是超生的孩子,父母为了不丢掉公务员的工作,也为了躲避几千块钱的巨额罚款,他们只能和那一代人一样,选择把我送回农村老家藏起来养。长达7年的农村“超生寄养”生活,父母长期的“生而不养”,再加上周围亲戚毫无恶意的玩笑,使我逐渐萌生出“女孩不好”的念头。我幼小的心灵充满了对父母的抱怨和不满。我始终觉得父母重男轻女,偏心哥哥。我戴着童年经历的“镣铐”,在与父母不断的磨合中建构着自己的性别意识。

父亲与母亲对我采取了截然不同的教养方式:父亲强硬严厉,母亲耐心细致,从中我认识到了父母承担着不同的角色,父亲忙工作大事,母亲忙家庭琐事。我也感受到了父母在教育我和哥哥的问题上所采取的不一样的方法:穷养男、富养女,男孩子可以随意打骂,女孩子却不可以。随着岁月的流逝,我慢慢内化了这些传统的性别意识,“男主外、女主内”的性别刻板印象深深地印在了我的脑海里。在二十多年的学习、工作、生活中,我始终摆脱不了这些传统的两性模式对我的限制和约束。

高一分科时,我的理科成绩还算好,但是父母担心理科学习功课繁重,会影响我的身体健康(注:当时我有偏头疼的毛病,胃也经常出问题),于是,有着医学梦想的我放弃了理科,选择了再也无法实现梦想的文科。高考报志愿时,综合家人和老师的建议,我填报了最适合女生的英语专业;研究生考试报专业时,早已经习惯文科思维方式的我继续选择了教育学这个很适合女生的文科类专业深造。虽然原本就知道文科类专业,尤其是文科类女生难就业,但是在求职遇到各种难题时,我的内心仍然受到了巨大冲击。原本大家都认为很适合女生的专业,为什么在求职时女生的境况却如此的艰难呢?

大学阶段,在我有机会展示能力的时候,我仍不停地思考自己是不是不应该太拼,我真不想被别人评价为“女强人”。所以在我遇到困难需要再前进一步的时候,我总是安慰自己“退一步海阔天空,无官一身轻,别那么要强,女孩子就得舒舒服服地过”等。这种传统的求稳心理严重束缚了我本该有的竞争意识,使得我在遇到难题时往往采取保守和回避的态度,这可能对我以后的职业发展很不利。直至现在,我对“男主外、女主内”“男强女弱、男主女从”等传统两性关系依然比较认同,我按照这个原则选择了我的另一半,他能力比我强,身高比我高,赚钱比我多。

因为研究生期间得知了自己的“社会性别”,我选择师从女性主义学者,经过三年的学术熏陶,在对待两性关系和社会地位的问题上,我改变了以前的一些幼稚想法,不再完全把思想囿于传统的两性关系模式下了。对于未来另一半的要求,我也逐渐理性化,不再只看对方的家庭,坚持所谓的“门当户对”,而是开始考虑对方自身的优点,只要对我好,未来有发展潜力就行,至于有没有房车都无关紧要。我越发坚持女人一定要有自己的事业,不能完全依赖男人生活。但是我不会彻底否认社会上广为流传的“干得好不如嫁得好”的思想,我认为它也有一定的合理性。因为女人最终一定要回归家庭,只有家庭幸福才是最根本的幸福。所以,我始终认为在这个社会上,男人的发展空间远远大于女性,女性要想获得成就,要付出比男人更多的努力。

我一直是个很要强的人,对自己的未来充满希望和梦想,所以在本科毕业就业很不理想的情况下,我毅然决然返校考研,追求自己的人生价值。正因为对自己充满期待,我很重视求职,期望最终能实现自己的职业理想,这也算为二十几年的求学生涯画上完满的句号。父母对我也一直抱着很大希望,我是家里学历最高的,他们认为我应该找到一个和研究生学历相匹配的工作。父母当了一辈子的公务员,在体制内享受了几十年,所以公务员是他们心目中最适合女孩的工作,稳定、体面、待遇好、有发展机会。他们不是很赞成我去公司工作,认为家里有一个人赚钱养家就行了。他们的人生经验告诉我,要想生活得轻松些,必须得有人在体制内“混”关系。所以,为了让他们满意,我一直在为此奋斗,考研、进京、找工作,都严格要求自己,把他们的想法放在很重要的位置。结婚后,我有了自己的小家庭,女儿的出生给我带来幸福的同时,也带来了很大的压力。尤其是在毕业找工作的这一年中,家庭的重担压得我险些喘不过气来。这对我的求职产生了很大的影响,我不像其他同学那样,有充足的时间去参加各种招聘会、笔试面试,我只能放弃一些机会,有选择地去参加一些自己认为有意义的招聘。所以,我的求职经历看起来很单薄,可以讲述的故事也很少。

二、憧憬中带着点儿忐忑

(一)清晰而坚定的职业目标

很多同届女生盲目求职,始终不知道自己想要什么。和她们相比,我有着稳定长期的职业规划,对自己的职业目标设定也很清晰。

综合考虑自身的兴趣爱好、专业特长、实习实践等因素后,我明确了求职的大致方向:在尝试考公务员的同时,把目标主要瞄准高校行政工作。之所以确定这个目标,我主要是基于以下考虑:

一是照顾父母的期望。我尝试考公务员,并非是把所有的精力都投入其中,只是在时间允许的情况下,翻阅相关复习资料,把握每次机会练笔,积累考试经验。

二是充分利用自己的教育学专业优势。跨专业学习教育学已经让我的本科专业废弃了,我不想毕业后再一次丢了自己的研究生专业,所以我考虑最多的就是如何利用本专业,从事相关的工作,充分发挥自己的优势。

三是兼顾小家庭的需要。我们家马先生(研究者的丈夫,为行文方便,下文皆采用此种说法。)在外企从事软件开发工作,压力很大,平时没有太多的时间顾及家庭,为了照顾女儿的生活,我必须找个不出差、稍微轻松的工作。

综上,和教育学专业对口,体面、轻松的高校行政工作完全符合我和家人的要求。即使一开始就知道高校行政岗位招聘可能会存在各种潜规则,我也没有想过改变自己的求职目标,我始终相信该来的总会来的。

我没有其余的选择，只有留京。

在目标城市的选择上，我身边不少女同学都有这样的打算：如果在北京能找到解决户口的工作，就留在北京；如果没有户口，那就没有必要挤在这个城市。和她们不同，我没有选择，只有“嫁鸡随鸡，嫁狗随狗”，继续留在北京这个人才济济的一线城市，奋斗出自己的小天地。

和身边很多女生的想法不同，我一直很想离开北京，回到自己的省会城市生活。在和朋友聊天时，我一直说北京人才太多了，多我一个少我一个没什么不同，但是三线城市就不一样了，我去了就是人才。作为一个素来比较传统的女性，我很向往中等城市安逸和稳定的生活。我始终认为在所谓的大城市打拼那么多年，也就是为了能生活得舒适和轻松，那我为什么就不能直接一步到位，反而要绕一大圈呢？因此，三年前来北京读研时，我就很清楚自己的目标。但是计划远远赶不上变化，三年后的今天，我已在北京有了自己的小家。为了马先生在北京能有更大的发展，同时也是为了女儿以后能享用全国最好的教育资源，我没有选择，只有留京。

（二）简历上的空白：我的实习经历该怎么写？

在准备简历这件事情上，我和大多数女生一样，早早开始认真准备。我先在求职网站上看了一些如何编写简历的文章，然后根据建议认真完善了以前兼职时用到的简历。在编写简历的过程中，我一直在回顾和反思自己大学以来的学习和生活，努力去找可以大大方方写在简历上的亮点。

去年 9 月份开学前，我开始着手准备简历。因为本科毕业时也经历过求职，所以我先从电脑里搜出那个时候用到的简历作为基础。为了能把简历做得更专业些，我花了一天的时间，学习求职网站上关于简历编写的各种各样的资料，然后又花了几天时间回顾自己近几年的学习和生活。通过分析自己的优势和不足，我重新完善了自己的简历。我的优势就是担任过学生干部，学生工作经验较丰富，也因此获得了一些诸如优秀学生干部、优秀共产党员等荣誉称号。但是我的不足之处在于实习经验太少,尤其是研究生学习期间几乎没有什么东西可以写。本科时因为专注于学校生活,我没有时间步入社会实习实践;研究生期间,因为结婚生育,我也根本没有时间去找个像样的实习工作。

对于简历上到底贴不贴照片,我在网上搜到了各种答案。我发现大家对此说法不一,感觉都很有道理。但是已经工作近五年的马先生告诉我说必须要贴照片,因为大家都贴。第二天,我就去专门的照相馆排了一下午队,花了70块钱照了一套职业照。还别说,花钱的东西就是好。照片照得非常好,很职业,也很大气,我再也不用为以后没有像样的照片发愁了。我很自豪地把照片贴在了每份简历上。

和大多数女生不同的是,我一直很纠结到底要不要在简历上注明已婚已育的身份。刚开始求职时,我和我的家人朋友普遍认为已婚已育的身份对我找工作会有所帮助。首先,我已经解决了职业女性要面临的生育难题,不需要婚假和产假,也不需要报销各种生育产生的费用。这样一方面可以给用人单位节省很大一笔成本;另一方面,单位也不需要担心我以后因为产假耽误正常工作的开展。其次,因为家人都是北京户口,已经买房,孩子也已经落户,所以我对是否解决北京户口没有太大的要求,这样用人单位可以减少很多负担。最后,我身为孩子的妈妈,对家庭有很大的责任感,工作时会很安心、稳定,不会因为各种各样的问题离职,在合适的岗位,我可能会一直干下去。求职准备阶段,因为不是很了解就业市场的情况,以及用人单位的心思,综合考虑以上这些因素后,我内心也感觉已婚已育的身份应该会是个优势和亮点。所以,那时我填写任何信息时,都很骄傲地提到已婚已育。后来真正开始求职后,我才发现根本不是那么一回事。就像蛋蛋网上的一个帖子所说的:“其实这个真不好说:未婚的年轻女性,人家会担心你工作期间谈恋爱,耽误工作;已婚未孕的,人家会觉得你要生孩子;已婚已育的年轻女性,人家会觉得你要养孩子,家庭生活会干扰你的工作。总之,女孩子就是不好找工作，这种性别歧视其实一直存在啊！”①

三、辛苦折腾后的失望

从 9 月份投出第一份简历起，我就真正开始了自己的求职之旅。截至目前，我一共参加了三场大型招聘会，线上线下共投了近百份简历。我收到笔试面试通知共计 20 次，参加笔试 7 次，面试 13 次。其中，以教辅机构为主，如清华同方知好乐教育科技有限公司、文都考研等。因为职业目标很清晰，所以我将主要精力用于应聘一些高校行政岗位，如华北电力大学、北京广播电视大学、中国人民大学、北京工业大学以及首都经贸大学。因论文篇幅有限，我主要讲一下自己的高校行政工作求职经历。

（一）应聘人大非教师岗位路上的酸甜苦辣

此时此刻，坐在宽敞明亮的图书馆里，我的内心仍不平静。对于昨天下午刚刚经历过的中国人民大学非教师岗位的面试，我有太多的感慨，太多的遗憾。我最终还是没能在面试中表现出自己的优势，期盼了那么久的一场面试最后却没有自己原先设想得那么满意。就是今天，我依然对人大非教师岗位招聘过程中的每一个时间节点都记忆犹新。

研一开学那会儿确定自己的职业目标后，我就开始关注人大行政岗位的招聘信息。2011 年和 2012 年的笔试面试通知我都很好地保存在电脑收藏夹中，满心期盼着自己有一天也能走进人大工作和生活。9 月份以后，我开始密切关注人大的招聘信息，经常会去人事处网站刷新，生怕错过任何与此有关的信息。

2012 年 10 月 15 日，我终于在学校网站上看到了关于非教师岗位的招聘信息，认真研读了各种说明后，我按照要求报名了国考，并认真备考。说实话，

---

① http://www.oiegg.com/viewthread.php? tid=1407204&extra=page%3D1&page=3.

那时的我根本没想过自己会考上国家公务员，只想着千万要够资格参加人大的招聘。怀着这样的心情，我参加了一年一次，几十万人挤破脑袋的国考。成绩出来后，看着考得还可以的分数，我首先想到的是应该有资格参加人大笔试。

12 月 25 日，人事处网站公布了职位和应聘要求。真好，我都符合要求，完全有资格报考。

2013 年 1 月 6 日下午，等女儿睡熟后，我像填写高考志愿一样，认真浏览各个职位的要求，在征求了我们家马先生的意见和建议后，我慎重选择了教育学院职员这个岗位。

1 月 27 日，我早早来到人大明德主楼的地下网络教室，等待参加 8 点半的笔试。笔试共分为三部分，首先是一个半小时的英语能力测试，考得特别细，有一定难度。题目主要包括根据语法进行单词改错、根据句子大意填写单词、汉译英以及阅读理解。因为很久没有用到英语了，所以我在答题时明显感觉到很多单词是那么的陌生。接着是上机进行心理测试，和很多学校一样，人大也是使用的“瑞格教育心理咨询系统”。这部分很好答，只要根据自己的真实想法选择就好。10:30 到 12:30 是两个小时的计算机能力测试，需要上机操作，主要是关于 office 软件的基本使用，分为 Word、PPT 和 Excel 三部分。每部分十个题目左右，考察得很细。尤其是 excel 部分的测试，需要考生熟练掌握 if 函数等基本函数的算法、冻结窗格等知识。那天很不巧的是我的计算机出现了故障，于是监考老师让我填了份补考登记表，说年后还可以补考。当时我也是实在没有办法，我不想因为这些错失机会，所以我只有怀着相信人大会守信通知补考的心情，晕晕乎乎地回到了家。过年期间，我时不时还会想：他们会真的通知我去补考吗，还是就这么应付我说着玩呢？对了，那天一共有 800 多人参加了考试，招聘职位仅有 38 个，而且大多数都是女生。后来，我慢慢了解到这个比例在竞争十分激烈的高校行政工作招聘中实属正常。

2013年3月1日下午,我终于等到了盼望已久的补考通知。接到电话的那一刻,我内心满是感激,感激人大的守信,感激老天还是给予了我机会。

3月4日下午,我依然是早早地来到人大人事处办公室,补考了计算机,当时和我一起的还有另外两名参加补考的求职者。补考结束后,人事处的老师好心地告诉我说周四周五会在网站上公布结果,让我多留意。那天阳光特别明媚,天气尤其暖和。

3月8日中午,在结束首经贸辅导员笔试回家的地铁上,我怀着忐忑不安的心情用手机上网查到了人大的面试名单。在名单上看到自己名字的那一刹那,我特别激动,立刻把这个好消息分享给了马先生。回到家后,我又打开电脑,登录人事处网站,再一次确认自己的名字进入了面试名单。然后就是等待,等待。因为曾经在网站上看到过关于人大虚假招聘的帖子,说什么即使进了面试名单,具体招聘部门也不一定通知面试,那几天,我内心除了焦急还是焦急,生怕自己也会步后尘。

3月14日下午,我终于接到了人大教育学院老师通知面试的电话。挂下电话,我高兴地大笑了几声,心里对下周的面试充满了期待,下决心一定好好准备面试。

3月19日下午,我穿上早已准备好的正装,认真化了妆,扎着马尾辫,如期来到人大国学馆参加等待了三年的面试。在等待面试的那段时间,我才知道这两天已经有30多个人参加了面试,而这个岗位只招聘一个人。有个人大本校的女生说,她们班的一个男生昨天参加完面试,还和面试的老师一起在食堂吃了饭。老师说30多个面试的人里只有4个男生,其中就他一个本校的学生。听到这些,当时几个一起等待面试的女生都异口同声说,那肯定是他了啊,咱们就是来打酱油的。说实话,我本来对面试抱着些许希望,也做了精心的准备,但是得知这些情况后,我内心突然变得茫然、无力。现在想想,可能当时的这种心情也影响到了我在后来面试中的发挥吧。

4点50分，我进入指定房间，开始面试。当时有四个老师，两男两女，旁边还有一个秘书负责记录。先是自我介绍，然后面试官自由提问题。和我预想得一样，他们对我已婚已育的身份比其他任何信息都显得更感兴趣。我不知道他们几位内心是怎么看待已婚已育身份的，当时的我只能尽自己最大的努力解释这个问题。一位老师在听完我的陈述后，大叫了一声说“不要太残酷了吧，那么多未婚未育的女生咋办”。当时我心里就突然意识到今天的面试估计也就这样了，所以，我突然变得特别紧张，不知道该怎么回答接下来一连串的类似问题。最后一个环节是从他们设定好的七个题目中抽取一个，用英文回答。我抽取的题目是讲一下和其他应聘者相比，我的优势有哪些。还好，我事先有准备这个问题，就简单讲了几点。然后，我就这样结束了这场等待了很久、期盼了很久、也准备了很久的面试。面试出来后，天公不作美，竟然下起了小雨。心里五味杂陈的我晃悠悠地走在雨中，内心满是迷茫和不安：对自己能力的质疑，对未来的担忧，特别是怕重蹈三年前本科毕业时的覆辙……后来，我找了个避雨的角落，给马先生发了一条短信，只写了“我的工作到底在哪啊”这么一句话。

（二）性别歧视？除了接受，还能怎么办呢！

找工作到现在，我已经遭遇了无数次的性别歧视。因为有一些性别敏感性，我对求职过程中形形色色的性别歧视都能有所觉察，但是除了暂时的愤怒，更多的还是无奈。经历了那么多后，我对就业性别歧视现象已经能很坦然地接受。确实，处于目前这种环境中，作为渺小的个人，我们除了接受，还能怎么办呢？

说实话，本科毕业找工作时，我就已经深刻感受到身为女生的弱势地位。我所在的外国语学院是以女生多著称的“女儿国”，我们班28个人只有4个男生，他们的能力、形象、家庭等条件都很一般。但是，在我们班大多数女生还没有就业的时候，这几个男生早已经确定了工作，而且都是些很难进的单位，诸如农行南京分行、德企、山东重工等。当时有些来院里招聘的企业，要么就是直接限定男生；要么就是没有明说，但是最后还是录取了男生。所以，我们这些女生都特别怕和男生一起参加院里的招聘会，因为只要有他们在，我们就没有任何机会。

读了三年研究生，我本想着能增加些就业筹码，找工作时才发现还不如本科那会儿好就业。教育学专业和众多文科专业一样，也是女生的天下，男女比例严重失调。我们班仅有的几个男生，有几个很坚定地要继续深造，剩下的几个，就业选择空间比我们大得多。当我们还在为零录用信发愁的时候，他们却可以在一堆录用信里挑挑拣拣。我感觉研究生找工作，男生整体占优势，尤其是在文科领域，和女生相比，男生找工作更是占尽先机。

就像我参加人大的面试时，30 个人里面只有 4 个男生，而用人单位出于种种考虑，又倾向于招聘男生。我们其他的 20 多个女生完全是陪太子读书，忙活了半天，期待了半天，最后发现，人家压根就没考虑过我们，只因为我们是女生。用人单位的顾虑无外乎以下几种：要么就是你二十六七了，马上要结婚生孩子了；要么就是你结了婚生了孩子，还得分心照顾家庭；要么就是你是女娃，我们经常派你出差，你行吗，我们要你应酬，你行吗？

和男生相比，女生的求职空间很小很小，在面试时总会被问到诸如年龄、男朋友之类的问题。尤其是像我这样已经生过孩子的女硕士毕业生，每次面试，考官们都会在已婚已育这个身份上考察很多，很少有时间顾及我引以为傲的学生干部的工作经历。我根本就没有机会展现自己优秀的一面。

找工作至今，有着性别意识并做着性别研究课题的我对就业性别歧视现象早已经从刚开始的气愤，转变成后来的无所谓、随便和我接受。因为和整个世界相比，我只是一个渺小的个体，我再怎么折腾，也不可能改变现状。既然无法改变，我只能学会接受和适应这个社会。

四、调整反思后的坦然

从去年 9 月份求职至今，我经历了很多，也感受到了很多。在这个过程中，我会因为面试的不尽人意不断地否定自我；我会因为各种歧视不断地质疑自我；我也会因为笔试面试中的出色表现重新拾起信心肯定自我，个中滋味，只有亲身经历过的人才深有体会。和其他女生求职时的焦躁不安相比，我内心却变得越来越坦然。每次机会来临时，我都会精心准备，用心争取，但是对于结果，我会安慰自己“得之我幸，失之我命”，不要太强求。我想这可能是因为自己已经是一位妈妈，性格愈发稳重了吧。

整个求职过程中，我的心情就像是坐过山车，忽上忽下，忽好忽坏。在投递完简历或者参加完笔试和面试，等待后续通知的日子里，我会不断地设想各种情景，焦急地盼望手机铃声的响起。记得年前 12 月份，我刚经历了农大和石油大学简历筛选过程的被歧视，突然接到华北电力大学的笔试通知，当时我高兴极了，心情由几天前的郁闷一下子就变得很好。笔试那天，我很早就到了位于昌平的华北电力大学，8:30 开始考试，考试时长为两个小时，考察面很广，有类似公务员考试的行测题，有公文写作的专业知识，一篇英语完形填空，最后是一篇一千字左右的大作文。我感觉自己考得还行，所以参加完笔试后，我就一直期盼着进入面试。在之后的那一周时间里，我不停地刷新他们学校的人事处网站，焦急地等待着面试通知。好不容易盼到了公布名单的那一天，当我发现自己并没有进入面试程序时，我的心情变得很糟糕，其中夹杂着失望、不解、迷茫……后来和一个在高校工作多年的师姐交流之后，我才深刻意识到，原来这几年高校行政工作的招聘有各种各样的潜规则，没有关系、非本校、非北京生源、非男性的女硕士生几乎很难抢到高校工作这个香饽饽。

即使是知道了这些，我依然没有放弃希望。我依然在应聘高校行政工作这条羊肠小道上艰难地跋涉。我的家人、我的导师、我的朋友们都在不断地鼓励我,给了我很多动力和支持。因为自己的努力和大家的鼓励,我迎来了期盼已久的中国人民大学非教师岗位和首都经济贸易大学人事处岗位的笔试和面试。虽然此时此刻还无法知晓最终结果,但是即使最后依然是被歧视,我也会感激并且永远记住这段为梦想努力奋斗的青春岁月。

小 结

结合本章节的故事,我们能够看到传统家庭观念的确在女大学生的成长过程中产生了很大的影响,父母希望自己的孩子有更好的前程,但又局限于性别的束缚——女孩还是应该学点儿“女孩子”的专业。可是,毕业求职中,女大学生又将承受新的压力。事实上,在求职进程中,女性往往处于一个比较劣势的地位。

从专业选择的角度看,很多女生会选择一些公认适合女性的专业,比如英语、教育之类的文科专业。由于文科专业女性比例很高,招聘者在招聘过程中就会发现前来应聘的大部分是女性。这时候招聘者就会考虑公司性别比例的问题,从而优先招男性,歧视就“堂而皇之”地产生了。案例中英语专业的王寒试图突破专业对于求职的限制,她选择应聘福特公司的采购工作,通过多轮面试,最终却被告知公司“只要男生”。有趣的是,这个故事里交代优先招聘男性的背景可能是因为过去几年这个部门招来的都是女性,所以人力资源部就下决心今年一定要招个男性回来。参与面试的 17 个人里面只有 3 个男生,王寒虽然排名第三,最后还是因为自身的性别和专业背景落选了。她气愤之下甚至感叹:“我那一阵子想去做变性手术。”影响招聘工作的优先级有很多,专业、性别、个人条件等。在具体的某一个应聘情境里,这些优先级也是变化的,而其中性别的影响始终是不容忽视的。女性选择所谓的女性专业,进入了一个女性占比较高的就业环境,会因为单位需要招聘更多男生而处于不利地位;而如果女性进入了男性主导的专业,又会经历其他方面的性别障碍,如缺少女性榜样、难以融入男性工作圈等问题。性别歧视的根本还是文化观念和权利关系的影响。长期以来,社会已经形成了一些看不见的屏障,制约着女性更高水平的发展。就业过程中的遭遇只是打开了一个早已存在的“潘多拉盒子”。

有关性别因素对于求职的影响,三位被访者的经历是鲜明而一致的。招工单位或者直接说明只要男生,或者在选择中暗含了男生优先的倾向,这其中的性别偏见她们无力挑战,只能对其进行某些合理化解释,如王寒认为:“求职中遭遇的性别歧视充其量也就是性别优势”“因为我感觉不到人家歧视你什么了”。事实上,面对这样的困境,个体不仅无力抗衡,而且会产生一定的认知冲突。如一些她们认为“长相一般”“能力一般”的男性获得青睐,这让她们感到不公,但她们也会想自己是否低估了这些男性竞争者的实力。同时,当女大学生通过降低期望、拉长求职时间、进一步提升学历等方式解决了当下的求职困境后,自身又会弱化对于性别歧视的不满心理。她们感觉到的歧视有点儿像“薛定谔的猫”,这些女性常常将面试失败的原因归结为性别歧视,但是在面试成功后又可能将成功的原因归于自己的努力。那么性别歧视在这个过程中到底是如何表现的?如何剥离其他的原因?比如说面试表现、工作能力等因素的影响。可见,辨析性别歧视、性别优势、性别偏见本身就是一个复杂的过程。由于缺乏对于社会性别结构和文化的深刻认识,多数女性遇到问题后,更多地体会到了无助、迷茫和困惑。女性处于广泛存在性别歧视的社会环境中,由于社会心理的内化,当她们获得工作以后,便会满足于当下的状态,将自己取得的比较满意的结果归因为自身的拼搏与努力,而少了对社会不公这一现象的发声意识,这也消解了一部分解决性别矛盾的推动力量。

在求职之前的校园生活里,我们的女大学生或许没有那么强烈地感受过女性在求职中的艰辛,有的可能只是有所听闻,以为只要通过自己的努力就可以克服这一问题。然而一旦在求职中遭逢种种不公,她们将不得不调整自己原有的期待,既要考虑家庭的意愿,又要考虑自己的想法,最终她们还是回归现实。可以说,她们一开始便有很好的个人条件和充足的准备去竞争,以期获得不错的就业岗位,但由于用人单位在性别方面的区别对待,使得她们不得不屈从现实,导致预期目标落空。从人力资源开发的角度看,性别歧视带来了巨大的教育资源浪费,也在一定程度上压抑了女性追求事业发展的愿望。

由此,我们的社会需要从制度、立法等方面去关注女性就业问题,包括在性别教育中,让女性获得自信和成就感,获得合理的归因。让更多的声音表达出来,我们才能有效地解决这一系列的困扰。

第七章　社会变迁与女大学生成长发展

社会性别意识与自我成长预期

在女性群体中，当代女大学生是令人羡慕的，她们正处于人生中最美好的年华，不仅能够接收到信息时代的各种思潮和讯息，而且面对未来，她们会有更多实现人生价值的机会。本书呈现的案例故事中，女大学生接受了良好的高等教育，她们是中国新一代青年女性的代表。她们的故事丰富多彩，尤其不容忽视的是她们对自我的追寻，以及在她们的成长过程中经历的性别观念的塑造和洗礼。跟历史上传统的女性相比，她们得到了更多的机会，能够去追求自身的价值。可是从她们的成长经历之中，我们仍然可以清晰看见时代的纹路对她们进行性别社会化的深永镌刻。

在工作和生活中，女性用自己独特的方式彰显自我价值：有的人身体力行地追求女性的独立和解放，也有的人在流行文化中得到精神的充实和满足……对于女性来说，究竟有哪些内在的、深层的驱动力量，推动着她们不断超越和前进？从社会学的观点来看，任何个体只要身处社会环境之中，就会受到周围文化的影响与塑造。在这个过程中,个体并非全无知觉地任由社会进行改造,越来越多的女性能够从中察觉到群体文化对自身的影响,并自觉地反思和重构,形成更积极的主体性意识。

那么,在女大学生的成长过程中,她们所经历的性别文化是什么样的呢?《心理学百科全书(1991)》中指出,性别角色是由一定的文化所认定的适合于男性和女性的行为系统,同时还包括了那些被看作是构成男性和女性的基本的态度和情感。在女性的社会化过程中,一方面,传统文化里仍留有父权制色彩下的性别观念的痕迹,女性在她们的童年时期或多或少都能觉察到来自外界对自己性别的贬抑。性别原本只为了区分人类生理上的差异,但在社会文化的互动过程中,它被赋予了很多特殊的内涵,不断丰富的性别角色内涵逐渐成为评价两性的准绳,更有甚者变成了束缚的枷锁。另一方面,书中的女大学生大多是独生子女,对父母来说只有这一个孩子,所以父母在养育中往往不像过去那样,抱有某种偏向,而是倾力投入,精心地培养。这种现象在一定程度上也打破了过去"重男轻女"的传统观念,孩子都是父母心中的唯一。此外,在日益激烈的市场竞争环境中,女性有机会成就自己的事业,但与此同时,她们还被要求兼顾家庭,个人成就与家庭美满都将是评判一个女性成功与否的标准。因此,职业女性想要在社会中与男性同台竞争,获得一席之地,就不得不克服生理性别的差异,还有抵御来自传统性别观念的压力。当下,性别的"玻璃天花板"效应,仍然影响着女性的个体发展,要打破这种"看不见的"偏见甚至是歧视,我们还有很长一段路要走。

教育与女性赋能

世界经济论坛 2005 年报告——《妇女赋权:测量全球性别鸿沟》中明确表示:"性别平等代表人类社会发展的新阶段,在这一阶段,人类个体的权力、责任和机会不再取决于人生而获得的性别差异。”可见，为女性赋能、促进女性的全面发展是推动性别平等的重要方面。实际上，教育赋能也是女性赋权的重要组成部分，这一过程不仅促进了女性自我意识的觉醒，还提高了女性自身的素质和能力，进而推动了其经济独立和政治参与，实现了女性在经济和政治方面的赋权与发展。

郑新蓉(2005)认为“赋权”是女性主义教育学的核心概念，其本质是通过对传统性别权力关系的审视和批判，激发女性的主体性，进而发展出促进性别平等的实践策略。冯媛(1996)认为赋权是一个建立意识和能力，促进行动变革的过程。也就是说，“赋权”最核心的含义是对妇女群体潜能的确认和激活。韩央迪(2008)认为妇女赋权往往借由综合发展、经济上的赋权及提高思想意识三种方式实现。妇女赋权的最终实现需要女性的内在改变，需要能力的赋予。这种赋予不仅仅是外在力量的植入，更需要在女性的意识层面进行“洗礼”，促进女性走上自我发展、自我实现的平等之路。郭夏娟(2015)从女性的参与机会、参与能力以及参与效果三个维度分析了“女性赋权何以可能”这一议题，认为社会性别主流化策略为女性赋权提供了重要的保障，赋权成为女性主动参与的主体性行为。

国内外的性别研究结果表明，受教育程度越高、经济越独立的女性，性别角色观念越开放(王鹏、吴愈晓，2019)。国内一项关于青年性别角色态度的研究发现，青年在接受高等教育后，形成了更为现代的性别角色态度。男生和女生在性别角色态度上存在差异，女生在不同时期都比男生更具有现代化的性别角色态度，大学教育在青年性别角色态度变化过程中发挥了显著影响(邱济芳，2015)。黄会欣(2010)等人通过量表调查指出，近 10 年来，在大学生群体当中，在生理性别一致的情况下，男性特质和女性特质的人数大幅减少，未分化的性别角色大幅增加。与此同时，女性的双性化趋向则更为突出。这个结果折射出，现在一些女大学生具备了某些传统男性角色的特质，女性在接受教育、就业等方面逐渐摆脱了传统性别角色的束缚。

然而女大学生在毕业后走向社会的过程中,她们主张的性别平等,将会受到传统性别观念的拉扯。因此,社会对女性的赋能,使女性在社会生活中获得主动性,这一过程应该是一以贯之的。从本书的案例中,我们的确看到了女性在实现自我社会价值的过程中所做出的努力,她们通过自身的奋斗获得价值,而不是凭借依附关系求得生存。面对外界不确定的风险,她们及时调整、自主决策、提升应对能力,不仅体现了生活上的独立,更彰显了精神上的自主,这一过程本质就是女性自我赋权的过程。

构建性别友好的社会环境

中国的女性发展有其独特的历史背景和社会土壤,1949 年至 1976 年期间,女性形象处于“铁姑娘”时期,体现出劳动分工去性别化、女性形象偏中性、女性具有男性的气质、强调奉献、作为个体的女性特征消失等特点。改革开放以来,女性在追求事业发展的同时,更倾向于兼顾家庭和工作的平衡。与此同时,一些年轻女性试图打破传统女性角色的束缚,追求更加多元的生活方式。“女汉子”“暖男”等性别化的标签反映了当前的社会环境对于这些变化还不能很好地接纳,社会性别观念还处于传统向现代过渡的阶段。段瑶瑶(2016)提出女性要避免“女汉子”式的自我解嘲,拒绝角色绑架,去建立开放的性别空间。

事实上,人们从一降生,就因性别不同而受到不同的对待。例如“男儿有泪不轻弹”“女孩要有女孩样”等,所有这些现象均受到伦理、道德、风俗、传统等社会文化影响。有诸多研究对这一问题展开讨论,研究者们开始探讨:在当今社会背景下,女大学生群体面对事业和家庭,将会有怎样的期待?

金窗爱(2012)从产业结构变化与女性就业质量、角色冲突与女性就业困境、性别歧视与女性就业压力、就业政策与女性就业保障四个方面探讨了女性就业难的问题，分析了英国、日本、印度、加拿大等国家在促进女性就业方面的经验，她认为这些经验对我国的借鉴意义在于：我国应进一步健全反就业歧视立法体系，深入落实性别平等主流化政策。

从女性主义角度看，“社会性别”“女性主体意识”等概念的提出有其理论和现实意义。已有的研究显示，传统的性别文化观念、性别角色刻板印象、社会偏见与性别歧视等是制约高等学校性别平等发展的主要因素。陈新叶(2014)从社会性别视角透视我国高等学校目前主要存在的社会性别偏差问题或性别不平等现象，她认为父权制文化和儒家思想直接影响了高等学校中的性别平等文化，影响了女性在高等学校乃至社会中的地位与发展。同时，她提出将社会性别意识教育纳入高校人才培养体系，在理念与实践层面进行构想。

总之，女大学生在个人发展中还面临着各种问题和挑战。倾听她们的声音，分析社会文化中潜在的性别偏见，进一步为女性赋权增能，是一个全方位、立体化的过程。在国家政策层面，相关主体应落实社会性别主流化，消除对女性就业等方面的歧视。在教育领域，一方面，需要加强高校中社会性别妇女学的学科建设，积极开展性别平等教育；另一方面，基础教育阶段也要增强学生对社会性别的敏感性，努力创建性别平等的校园文化。最重要的是，女性自身也需要不断突破社会性别压力的束缚，主动寻求自我价值的实现。

参考文献

陈晓瑜.青春期女生性别认同研究[D].南京师范大学,2012.

陈新叶.高等学校中的社会性别偏差问题与性别意识教育研究[D].山东师范大学,2014.程猛,康永久.从农家走进精英大学的年轻人:“懂事”及其命运[J].中国青年研究,2018(5).

程雯.女性主义视角下单身女博士生择偶观研究[D].南京大学,2019.

董朝宗.高校如何应对农村女大学生就业难问题:基于职业自我效能的视角[J].当代教育论坛(管理版),2010(3).

段瑶瑶.社会转型期女性性别角色的转变[D].山东大学,2016.

冯媛.“赋权”、“权能”或“引爆”——求解“Women Empowerment”[J].妇女研究论丛,1996(1).

郭夏娟.女性赋权何以可能?——参与式性别预算的创新路径[J].妇女研究论丛,2015(2).

韩央迪.以自我改变为特征的妇女赋权项目的路径探索——基于国际计划与《农家女》杂志社“妇女赋权”项目的实证研究[J].中华女子学院学报,2008(2).

胡艳华,井影,曹雪梅.大学生职业决策自我效能感与就业力的关系:职业生涯规划的中介作用[J].教育理论与实践,2019,39(12).

黄会欣,余新年,席斌,刘电芝.当代大学生性别角色类型与性别角色观调查[J].宁波大学学报(教育科学版),2010,32(5).

金窗爱.中国当代女性就业问题研究[D].东北师范大学,2012.

李春玲.教育地位获得的性别差异:家庭背景对男性和女性教育地位获得的影响[J].妇女研究论丛,2009(1).

李瑾,彭建章.女大学生就业难影响因素及对策研究[J].河北师范大学学报(教育科学版),2011,13(2).

李银河.中国女性的感情与性[M].北京:今日中国出版社,1998.

梁微.临近毕业女硕士研究生角色冲突的研究[D].中国青年政治学院,2010.

刘国强.社会资本理论视角下农村大学生就业探析[J].教育与职业,2014(33).

刘景刚,魏巍,夏吉莉.女大学生求职中的自我设限及应对策略[J].教育与职业,2016(4).

刘云杉,王志明.女性进入精英集体:有限的进步[J].高等教育研究,2008(2).

陆根书,刘珊,钟宇平.高等教育需求及专业选择中的性别差异及其影响因素分析[J].高等教育研究,2009,30(10).

钱民辉.教育真的有助于向上社会流动吗:关于教育与社会分层的关系分析[J].社会科学战线,2004(4).

邱济芳.青年性别角色态度:从中学到大学的变化研究[J].青年探索,2015(3).

史静寰.教育、赋权与发展:'95 世妇会以来中国妇女教育研究回顾[J].妇女研究论丛,2007(1).

史静寰.走进教材与教学的性别世界[M].北京:教育科学出版社,2004.

孙中欣,张莉莉.女性主义研究方法[M].上海:复旦大学出版社.2007.

王鹏,吴愈晓. 社会经济地位、性别不平等与性别角色观念[J].社会学评论,2019,7(2).

魏然,翟瑞.知识改变命运?——从农村大学生就业看高等教育社会分层功能的弱化[J].教育学术月刊,2016(6).

吴要武,刘倩.高校扩招对婚姻市场的影响:剩女?剩男?[J].经济学(季刊),2015,14(1).

吴愈晓.中国城乡居民教育获得的性别差异研究[J].社会,2012,32(4).

伍麟,刘天元.我真的是婚恋"困难户"吗?——大龄单身女博士婚恋偏好研究[J].研究生教育研究,2019(4).

武毅英,郑育琛.规训与抗拒:农村女大学生的选择困惑:基于个案访谈的研究[J].中国高等教育评论,2017,7(1).

武毅英,郑育琛.规训与抗拒:农村女大学生的选择困惑:基于个案访谈的研究[J].中国高等教育评论,2017,7(1).

熊和妮.底层式"望子成龙":劳动阶层父母教育期望的内容与特点[J].民族教育研究,2017,28(5).

余秀兰.认同与容忍:女大学生就业歧视的再生与强化[J].高等教育研究,2011,32(9).

张积家.儿童性别意识发展的研究[J].心理科学通讯,1990(1).

张吉东.社会资本资源视角下农村女大学生就业难的思考[J].中国成人教育,2008(21).

张学而.幼儿园教育环境创设中的性别刻板印象:表现、危害及预防[J].教育研究与实验,2018(1).

郑新蓉.性别与教育[M]. 北京:教育科学出版社,2005.

郑育琛,武毅英.农村女大学生就业选择中的精英情结与社会排斥——个典型的个案研究[J].教育学术月刊,2015(5).

周菲,余秀兰.高等教育与农村女性的有限选择:三本院校农村女大学生叙说的分析[J].高等教育研究,2013,34(8).

周小李.女大学生就业难:文化资本与符号资本的双重弱势[J].教育研究与试验,2011(1).

后　记

本书的编写得益于周围的一批研究生，他们所开展的一系列研究，都表现出一定的性别敏感性，通过访谈，让我们看到了许多当下女大学生的成长故事，其中的部分故事也来自他们撰写学位论文时收集的案例。

作为一个关注妇女教育的学者，一方面，这令人欣慰，我们的学生能够在自己的研究中具备一种社会性别视角，通过访谈走进女性，真正去倾听她们，体味她们的情感变化，为读者呈现一个个鲜活的口述故事；另一方面，这些口述故事也反映出女大学生生活中出现的一些迷茫和困扰。由此，我们能看到她们丰富的内心世界，不管是对亚文化的一种偏好，还是对于社会性别结构的批判与反思，这些第一手资料都是非常宝贵的。

当代女大学生的成长经历各有不同，她们在性别观念的生成过程中也受到了多重力量的拉扯，社会变迁在她们身上留下了特殊的烙印：她们既自立自强，但又渴望具备所谓的“女性气质”。不得不说，教育对她们的塑造，更多的是一个成就自我的过程。她们刻苦学习，成为人们口中的“好学生”，这便打开了她们上升的大门。接受了良好教育的她们，在拼搏中也显露出找寻自我的愿望。作为这样一个略微特殊的群体，她们在一定程度上彰显出青年女性的主体意识，同时也在反思作为女性应该如何认识自身的社会地位，如何处理自己与他人的关系，自己与社会的关系，等等。但所谓知识精英阶层的女大学生，对女性整体发展的强烈关切还稍显不足，一些反思、呼吁大都基于她们自身的成长。不过，值得欣慰的是，她们意识到了社会性别的问题以及寻求更好的解决之道。可以说，这是一线曙光，我们能够看到希望。

多年之后，由这个时代女大学生的学习、生活、恋爱、求职等方面的经历所组成的故事，不仅仍能让我们感觉到鲜活生动，而且还具有一定的史料价值。这本书的出版得益于中国传媒大学刘继南老校长的推荐，我只和她在一次有关女性领导力的会议当中接触过，感谢她敏锐地捕捉到了这个选题，也感谢我的研究生王泰、陈哲、姜冠群等同学的参与，他们在编写过程中提供了许多宝贵的意见，贡献了自己的想法。特别值得欣慰的是，作为一位男性，王泰参与了访谈资料的收集以及整个书稿的撰写，付出了很多心血；研究生陈哲，选择性别与教育领域来开展自己今后的研究，还将走进男大学生，倾听他们的声音，探究男性性别社会化的历程，以及思考未来两性之间多元对话的可能……也许这才是社会性别研究的最高境界，当然也是两性和谐发展的基础。

本书的编写要感谢北京师范大学的殷慧娟老师、首都经济贸易大学的邵丽丽老师，她们为个案的访谈倾注了大量的心血。在每个案例里面，研究生刘舒丹、宋佳欣、周川淇、黄瑞妮、赵新生、马晗瑞、姜冠群、张煜曼以及留学生欧艾莎等，都参与了积极的讨论，形成了对案例的分析，在这里也一并感谢。

回想当年，我也曾经是一个心怀理想的理工科女生，转入教育专业是和女性在理工科领域发展中的困难有很大关系的，但是这也让我有机会体验到人生的另一种可能——为女性发声。通过这个项目，我感慨自己的过去曾和她们一样，青春有为，正是未来的希望。翻过书中她们的故事，又让我们不禁期待她们的明天将呈现何等别样的色彩，女孩儿们加油！

图书在版编目(CIP)数据

独立与牵绊：当代女大学生自我成长的故事/张莉莉，王泰著.--北京：中国传媒大学出版社，2022.1

ISBN 978-7-5657-2768-9

Ⅰ.①独… Ⅱ.①张… ②王… Ⅲ.女大学生—学生生活 Ⅳ.①G645.5

中国版本图书馆 CIP 数据核字(2020)第 165227 号

独立与牵绊：当代女大学生自我成长的故事

DULI YU QIANBAN：DANGDAI NÜDAXUESHENG ZIWO CHENGZHANG DE GUSHI

著　　者	张莉莉　王　泰		
策划编辑	李水仙		
责任编辑	姜颖昳		
封扉设计	大鹏设计		
责任印制	李志鹏		
出版发行	中国传媒大学出版社		
社　　址	北京市朝阳区定福庄东街 1 号	**邮　　编**	100024
电　　话	86-10-65450528　65450532	**传　　真**	65779405
网　　址	http://cucp. cuc. edu. cn		
经　　销	全国新华书店		
印　　刷	唐山玺诚印务有限公司		
开　　本	710mm×1000mm　1/16		
印　　张	14		
字　　数	198 千字		
版　　次	2022 年 1 月第 1 版		
印　　次	2022 年 1 月第 1 次印刷		
书　　号	ISBN 978-7-5657-2768-9/G・2768	**定　　价**	69.00 元

本社法律顾问：北京李伟斌律师事务所　郭建平